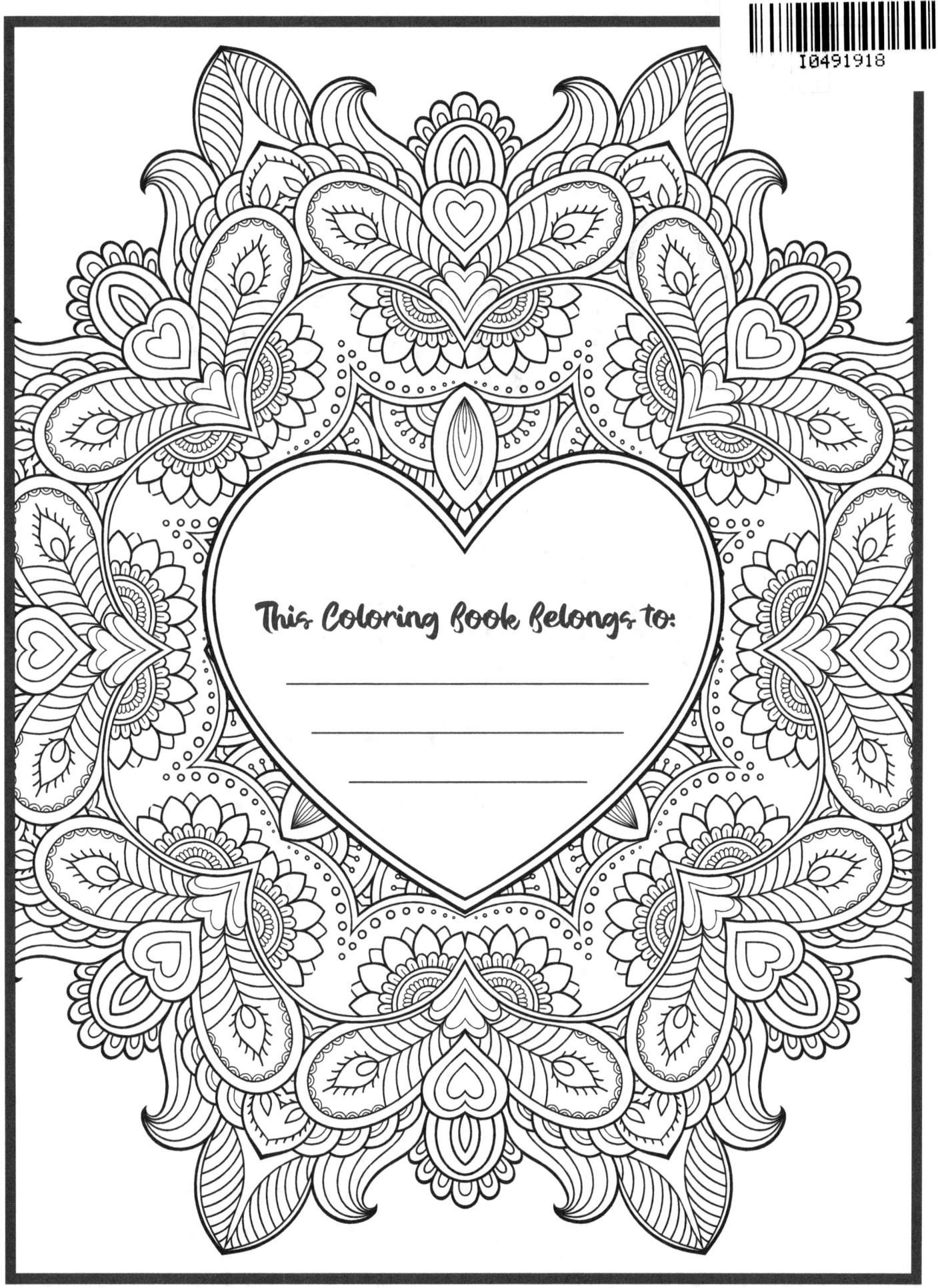

This Coloring Book Belongs to:

_____

_____

_____

Nursing is a Fucking work of Heart

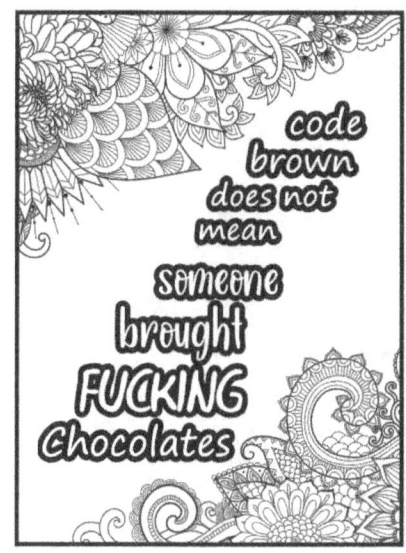

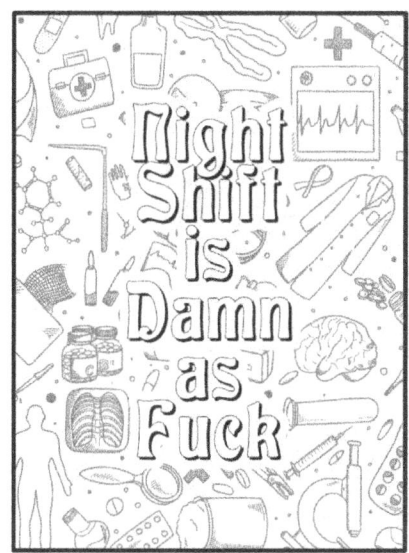

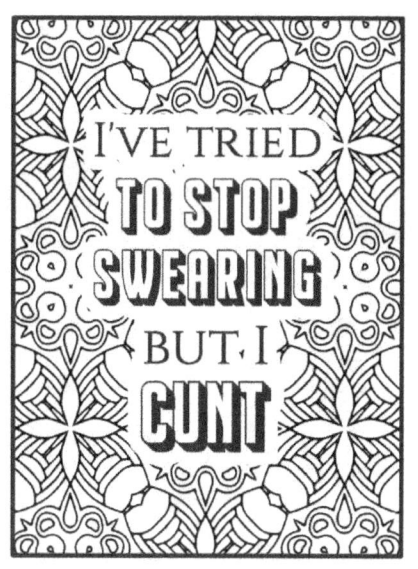

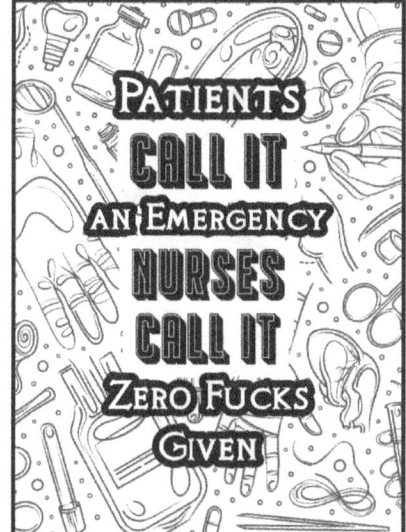

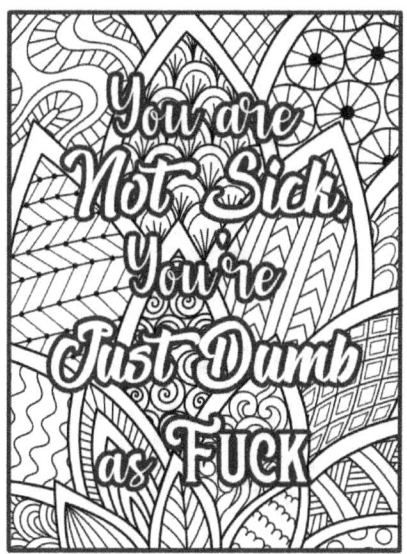

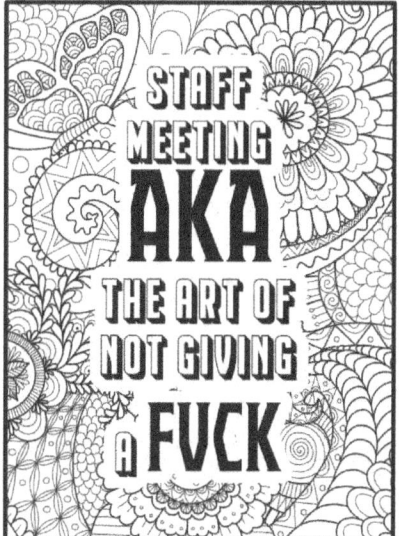

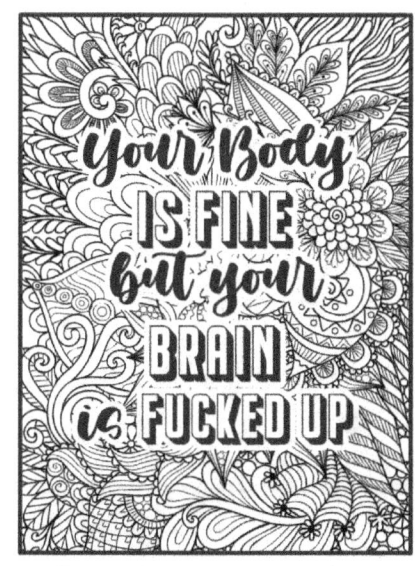

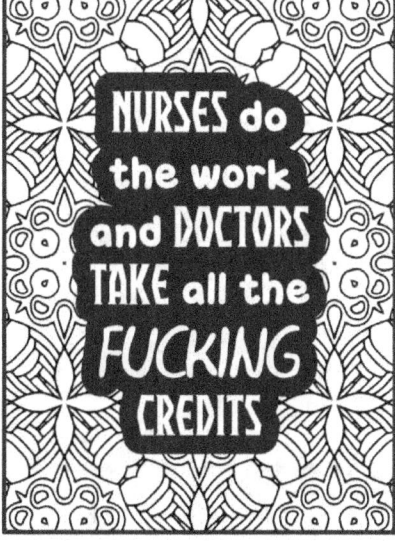

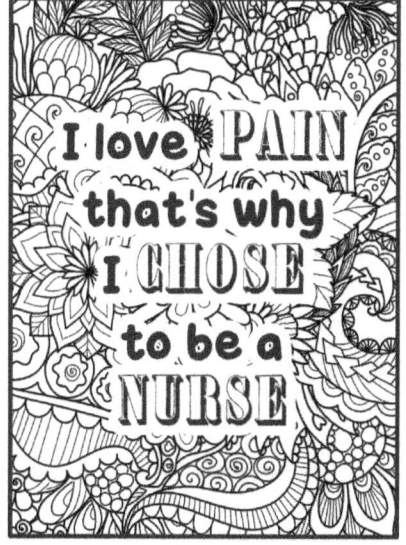

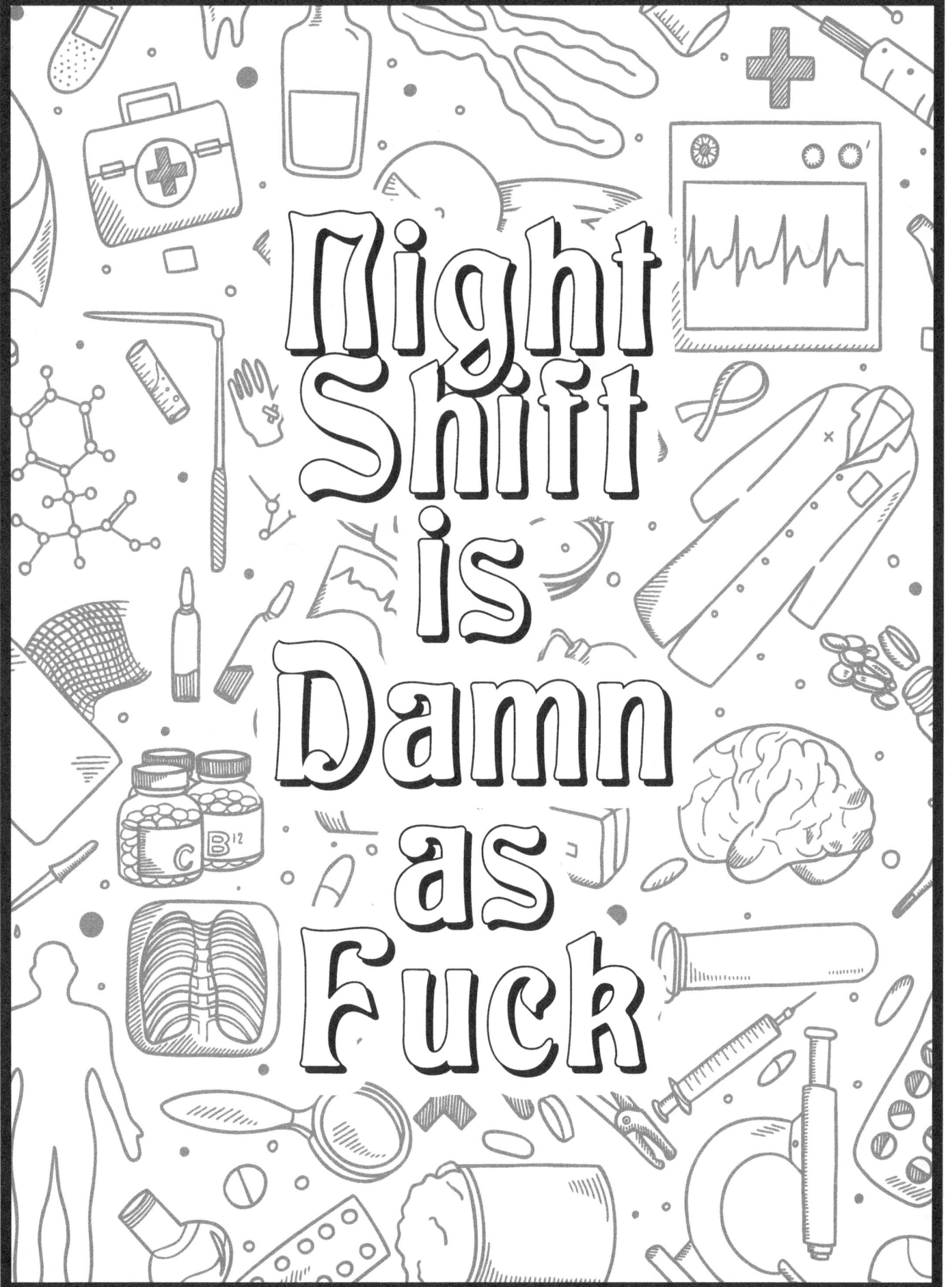

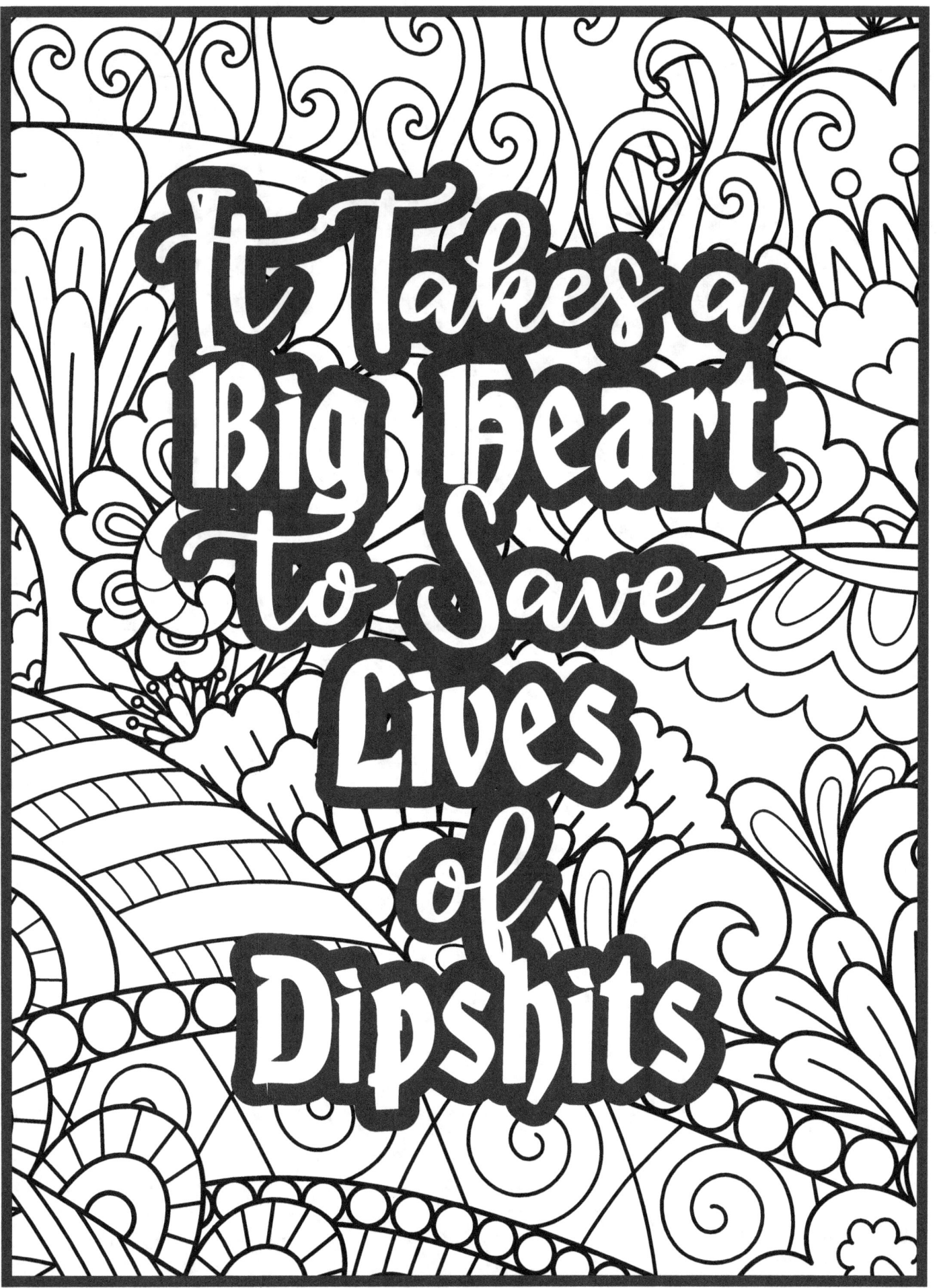

WHY ARE YOU COLORING TODAY   DATE: _____ / / _____

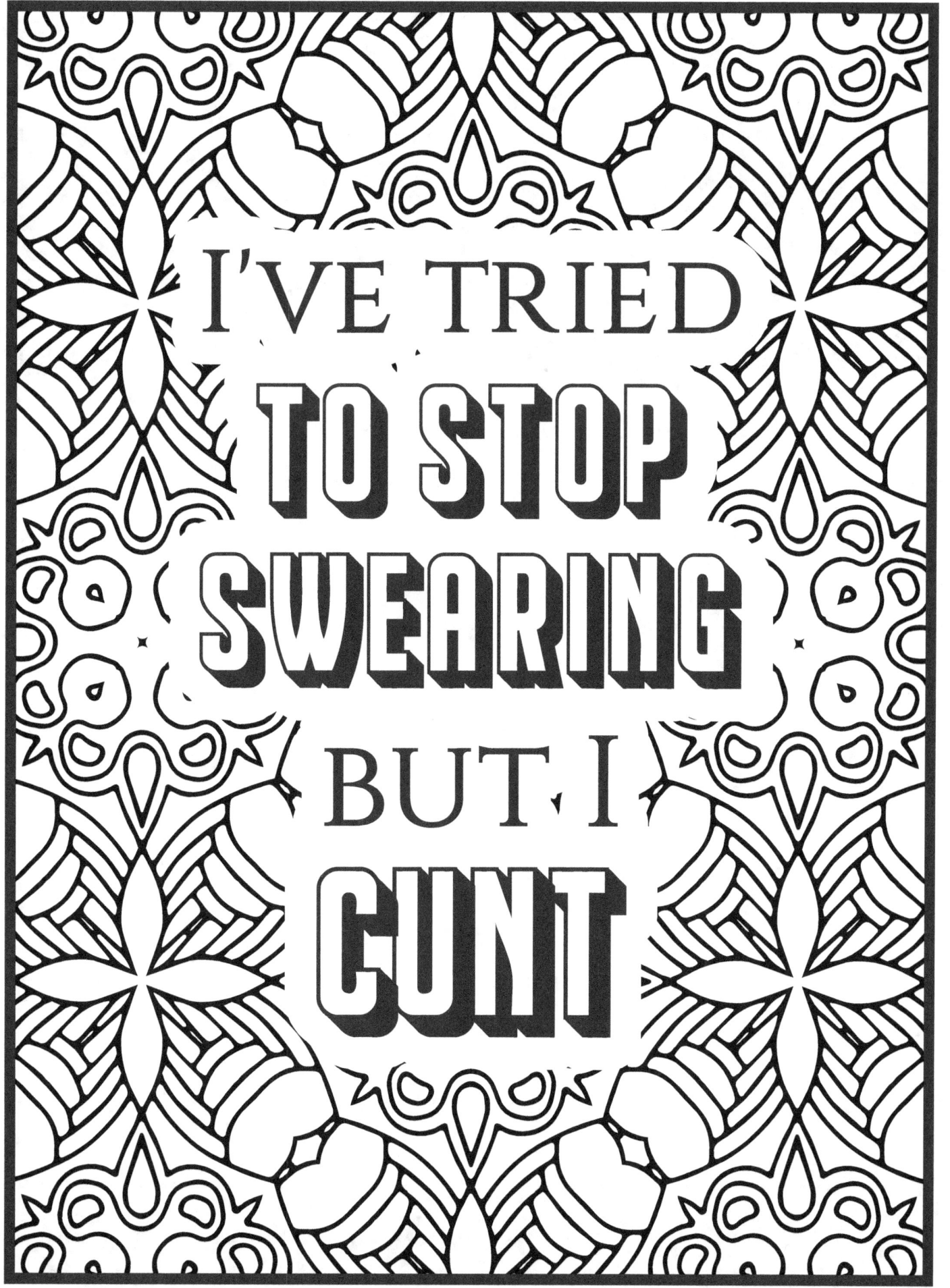

WHY ARE YOU COLORING TODAY

DATE: ___/___/___

PATIENTS CALL IT an EMERGENCY NURSES CALL IT ZERO FUCKS GIVEN

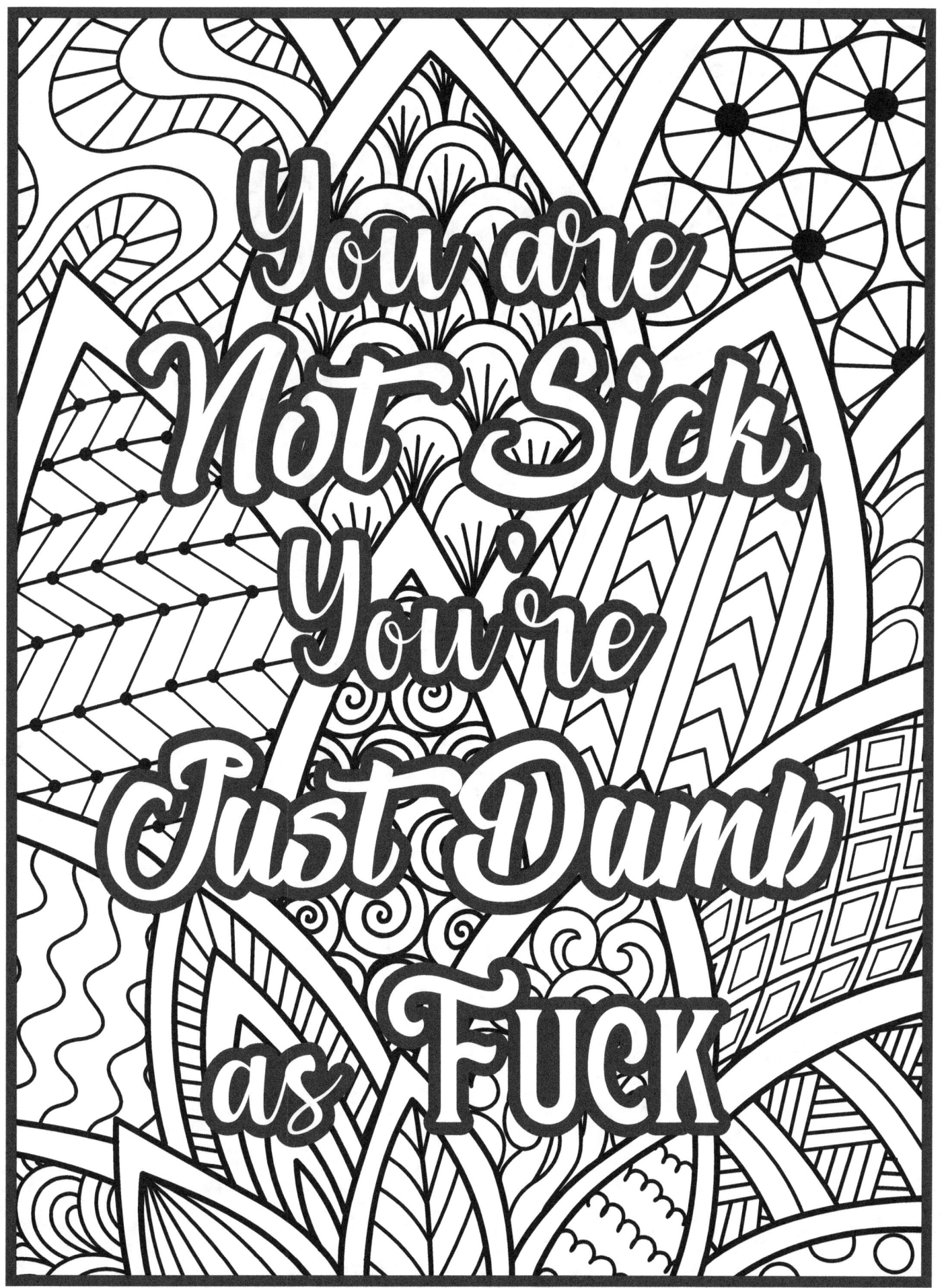

WHY ARE YOU COLORING TODAY

DATE: _____ / / _____

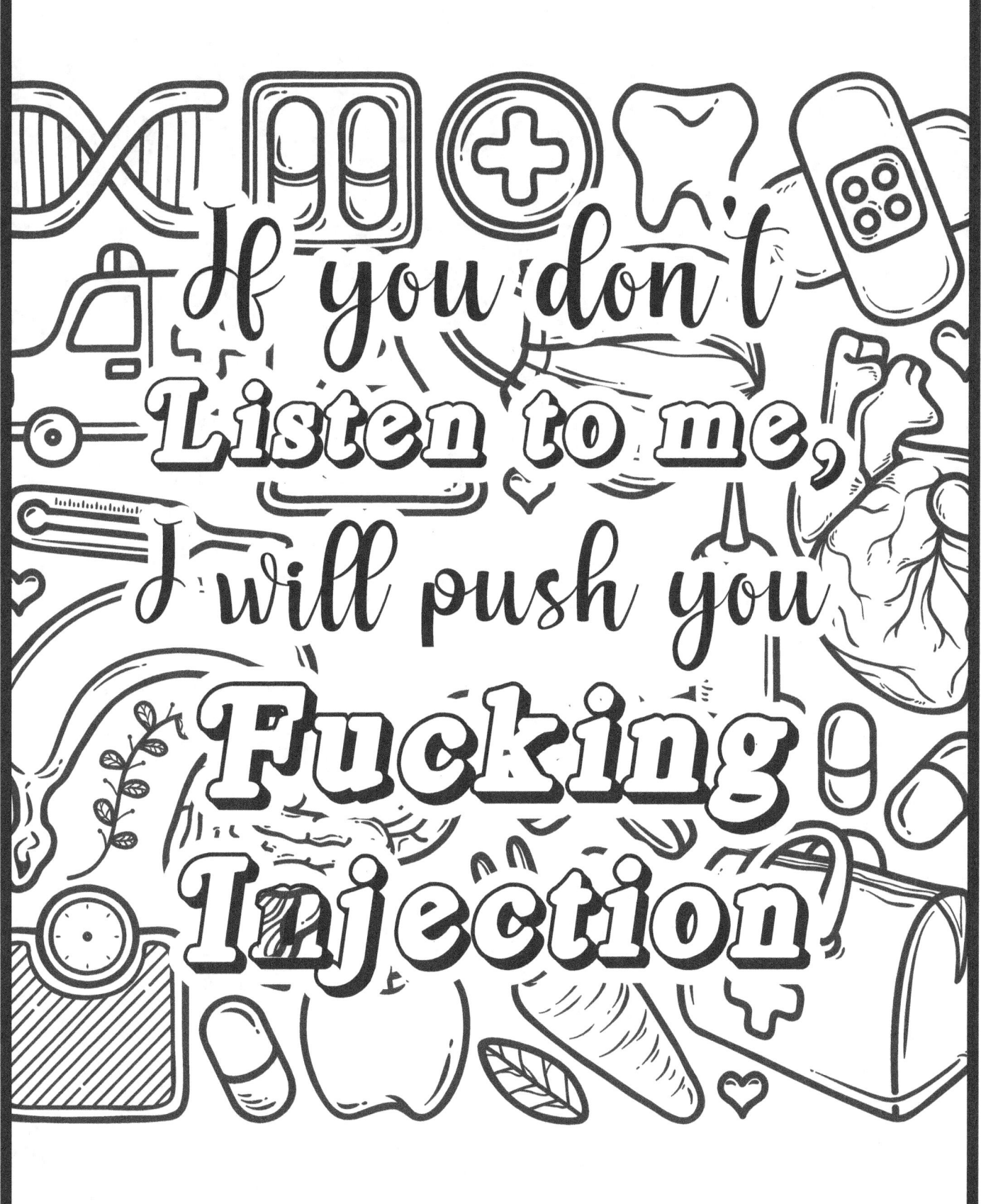

WHY ARE YOU COLORING TODAY   DATE: ____ / ____ / ____

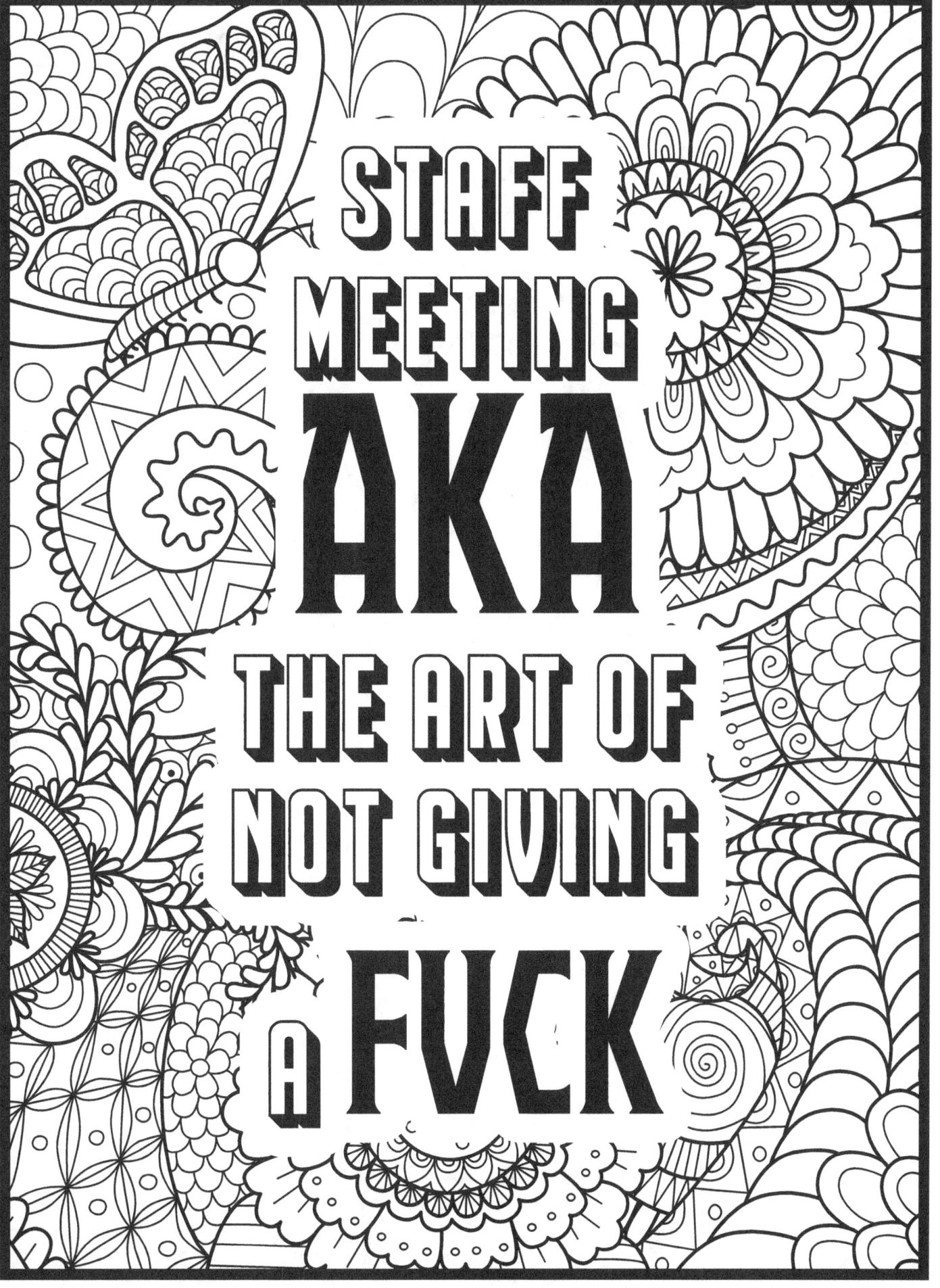

WHY ARE YOU COLORING TODAY

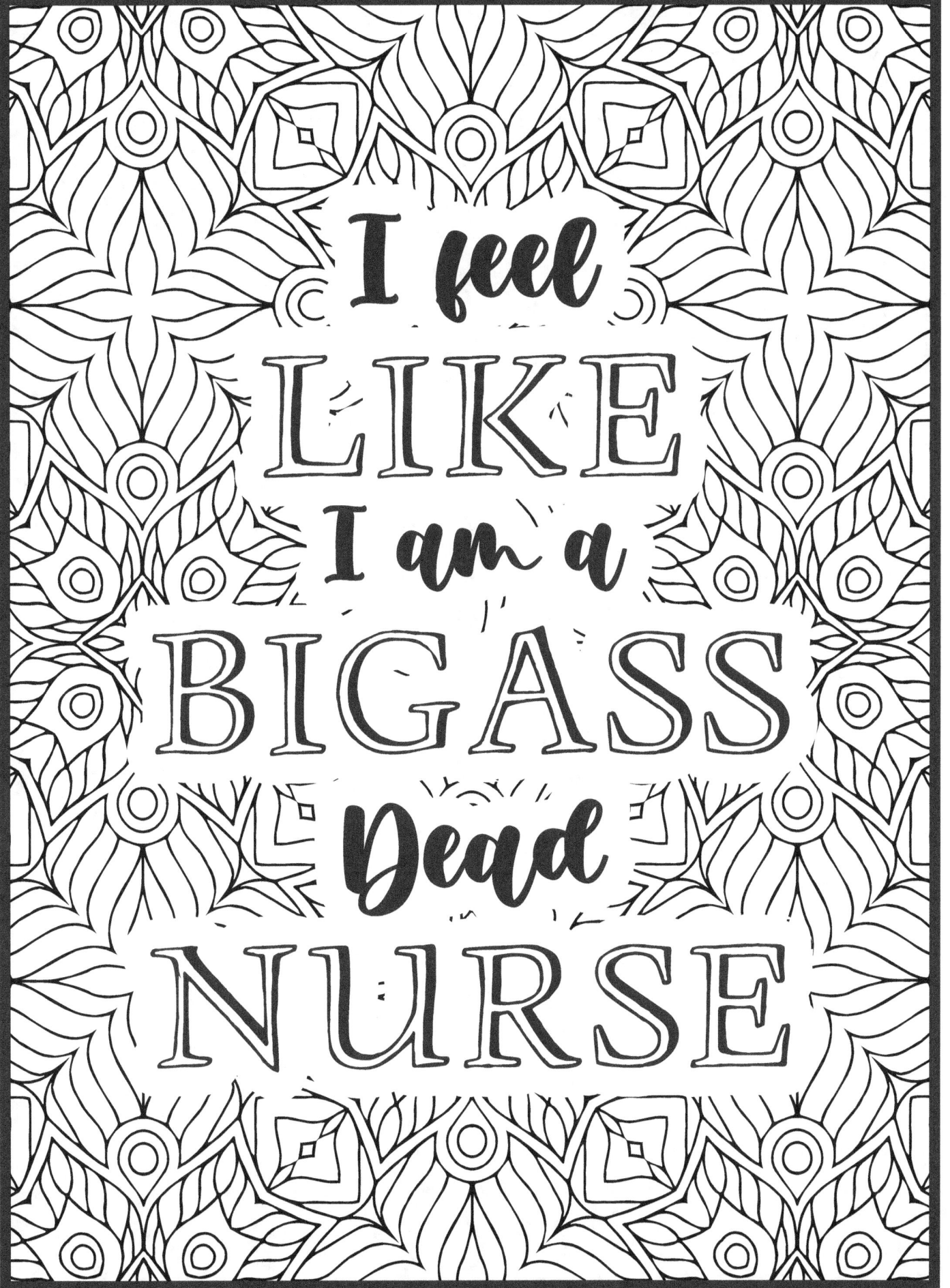

WHY ARE YOU COLORING TODAY   DATE: _____ / ____ / _____

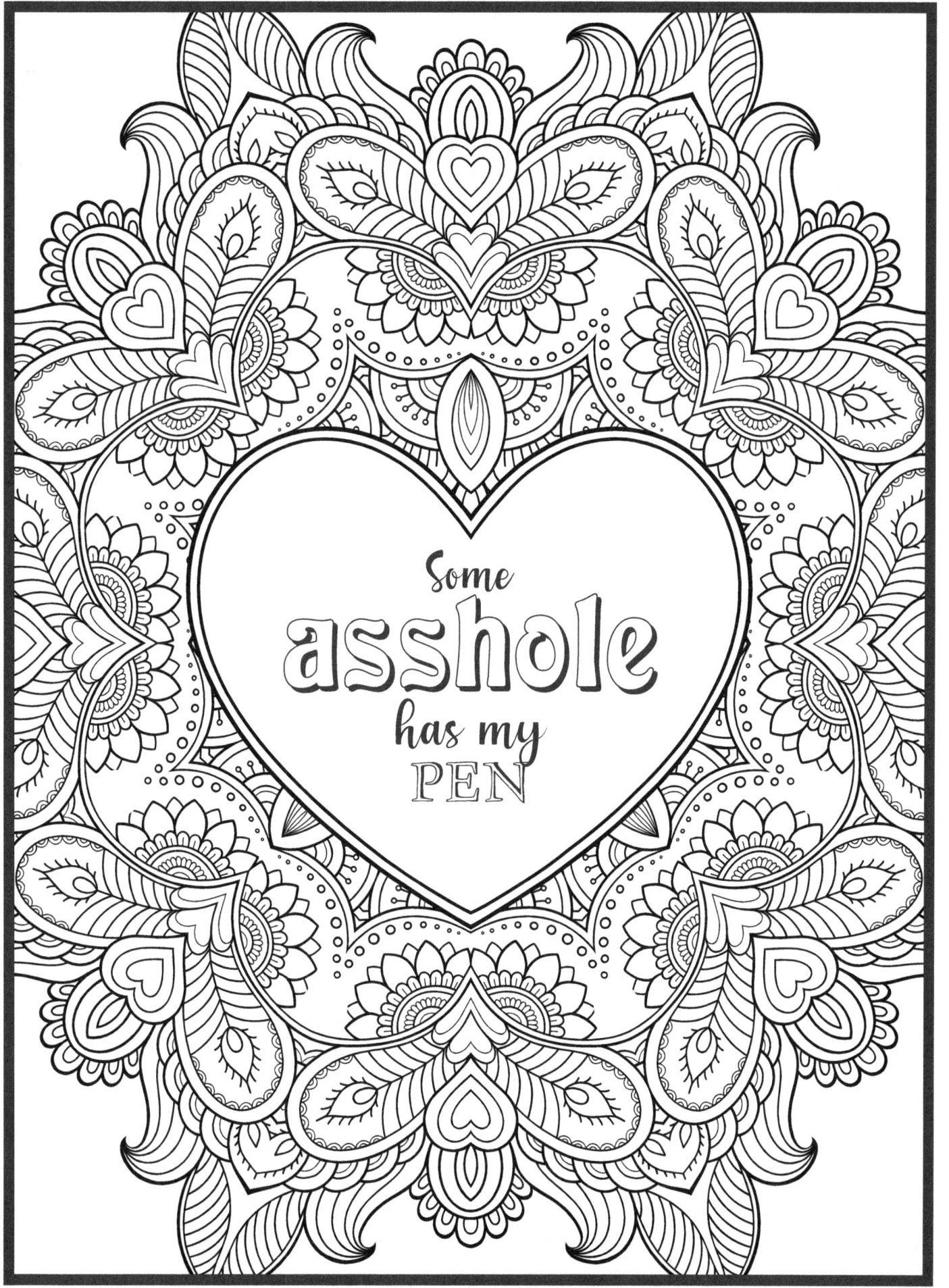

WHY ARE YOU COLORING TODAY   DATE: _____ / / _____

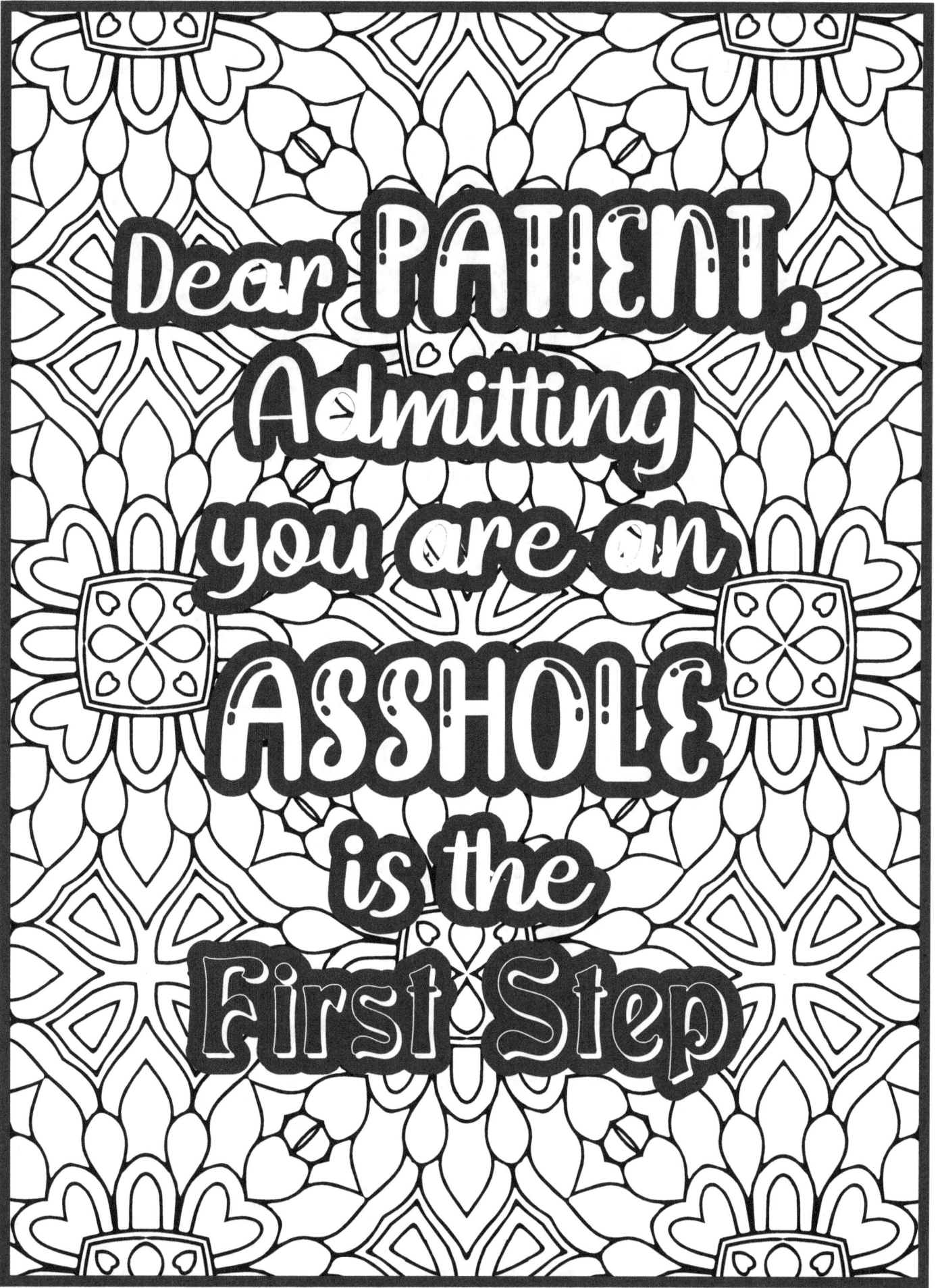

WHY ARE YOU COLORING TODAY   DATE: _____ / ____ / _____

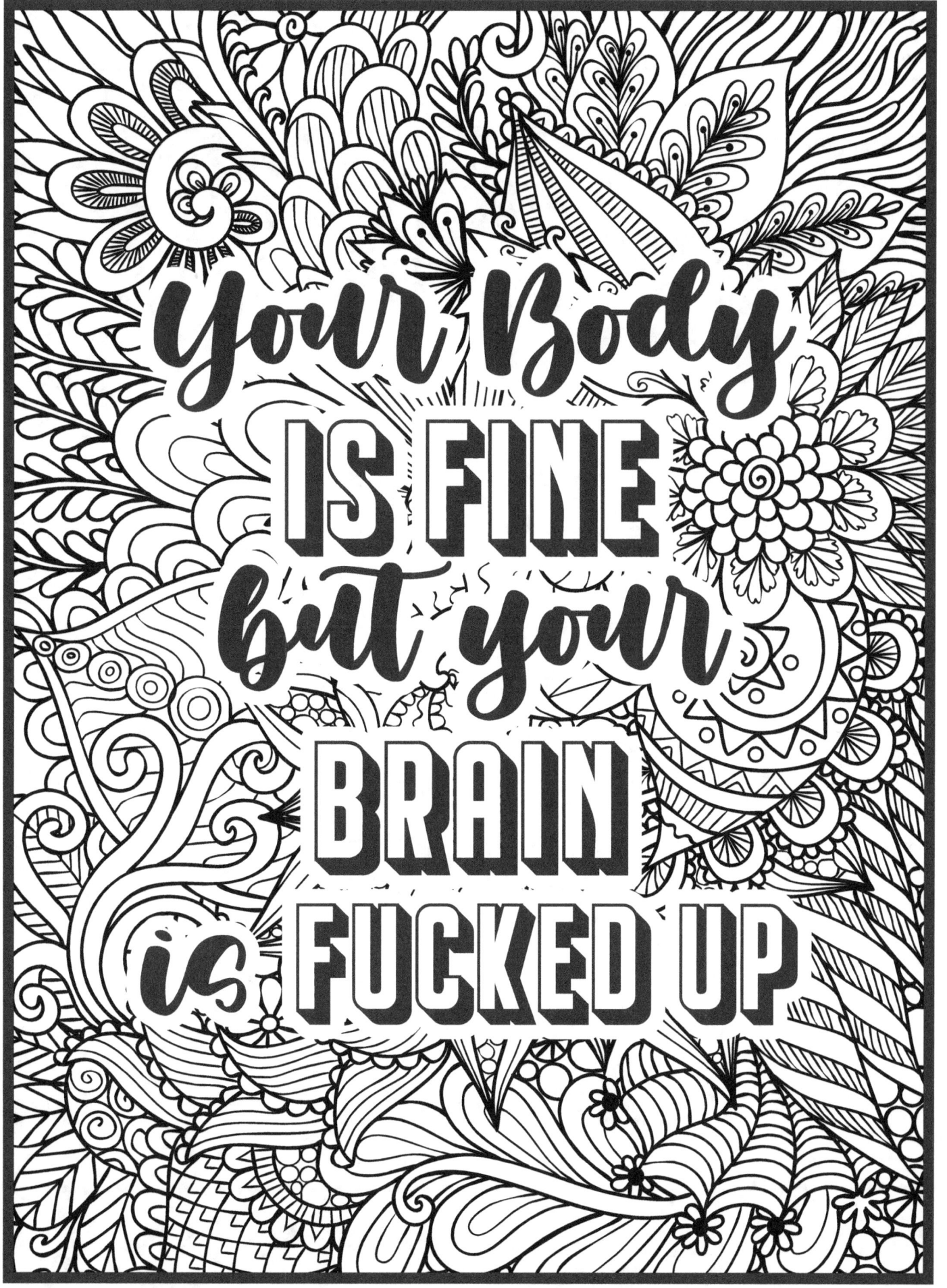

WHY ARE YOU COLORING TODAY

DATE: ___ / ___ / ___

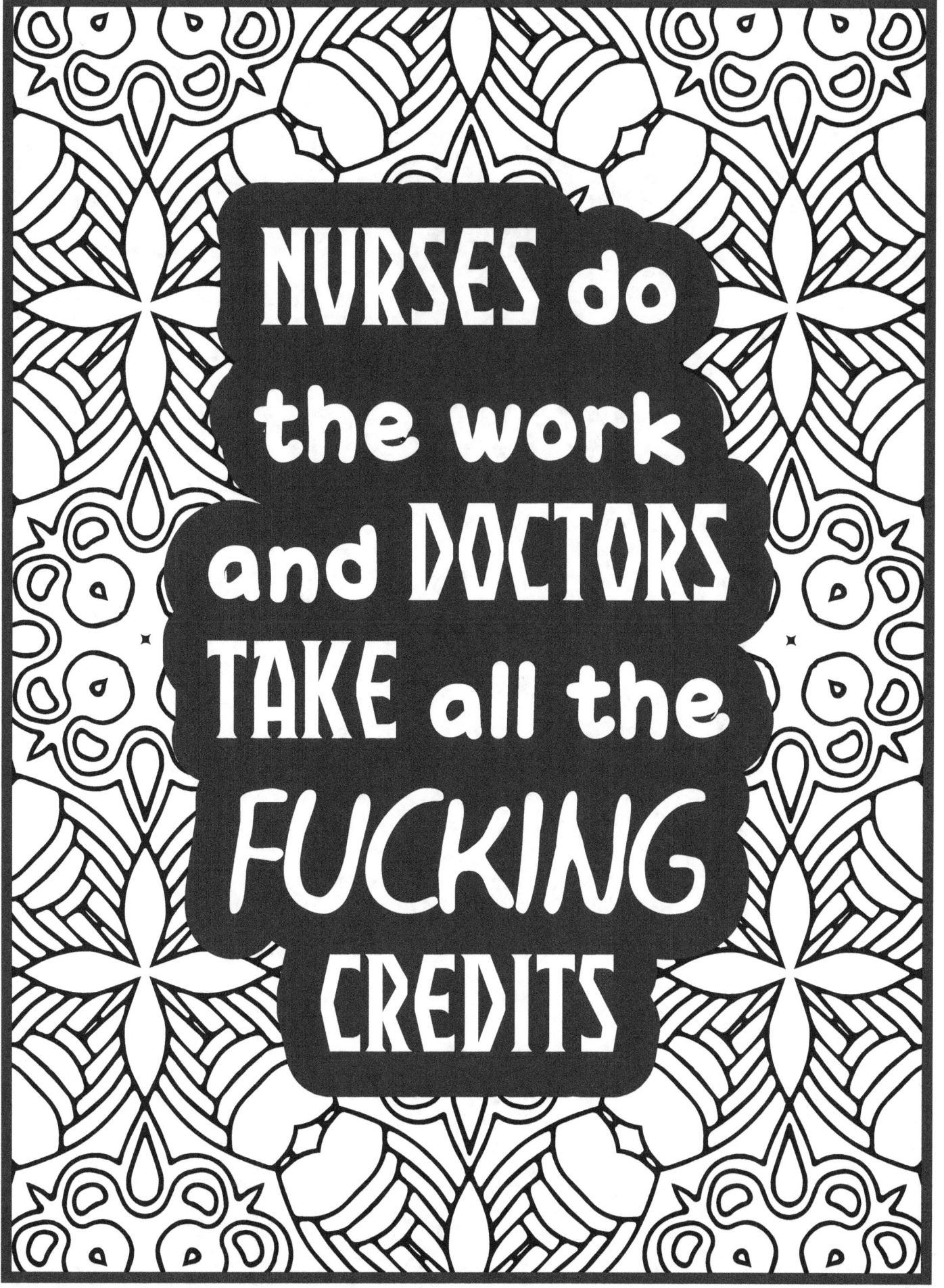

WHY ARE YOU COLORING TODAY

DATE: ___/___/___

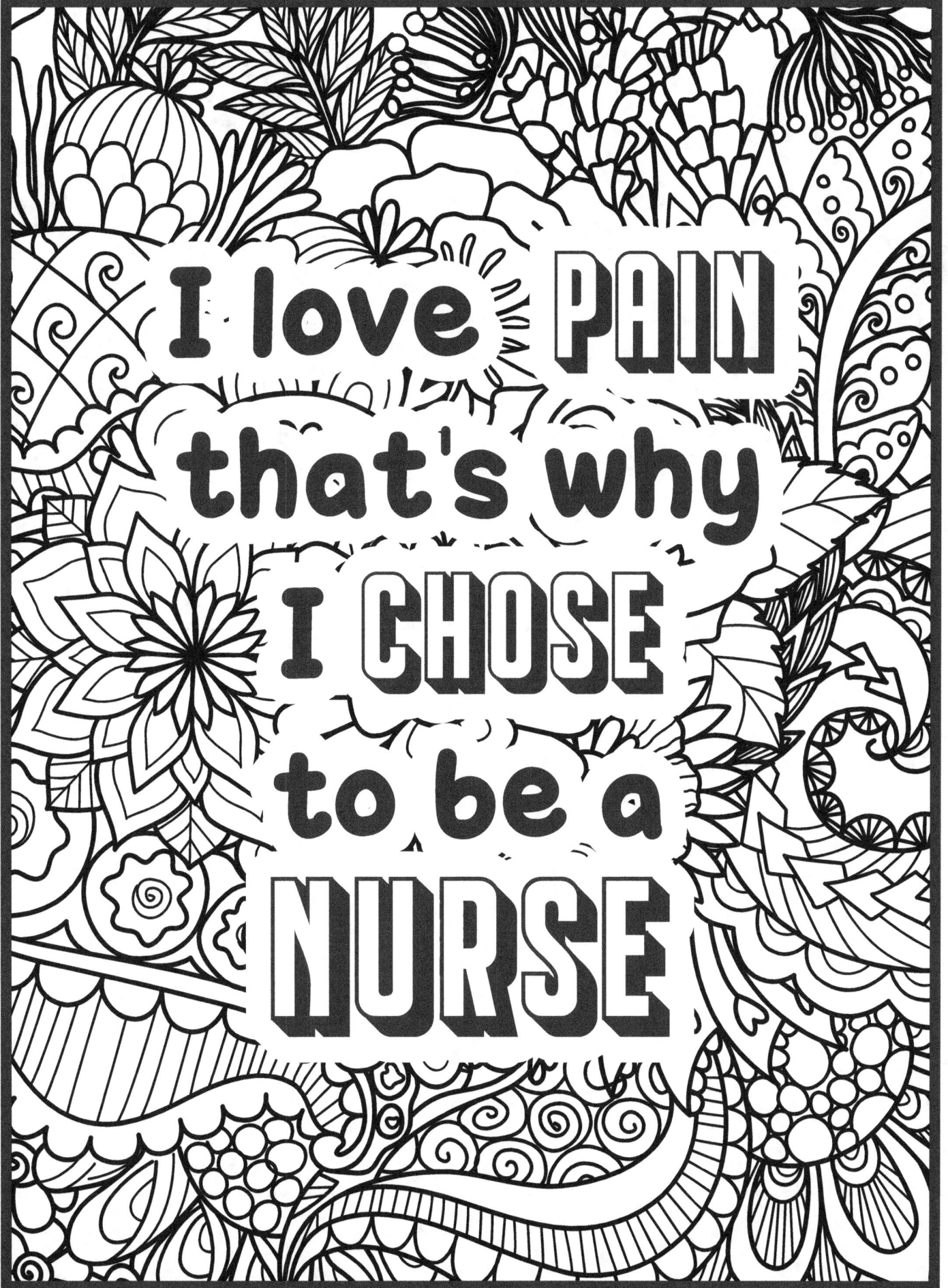

WHY ARE YOU COLORING TODAY   DATE: _____ / / _____

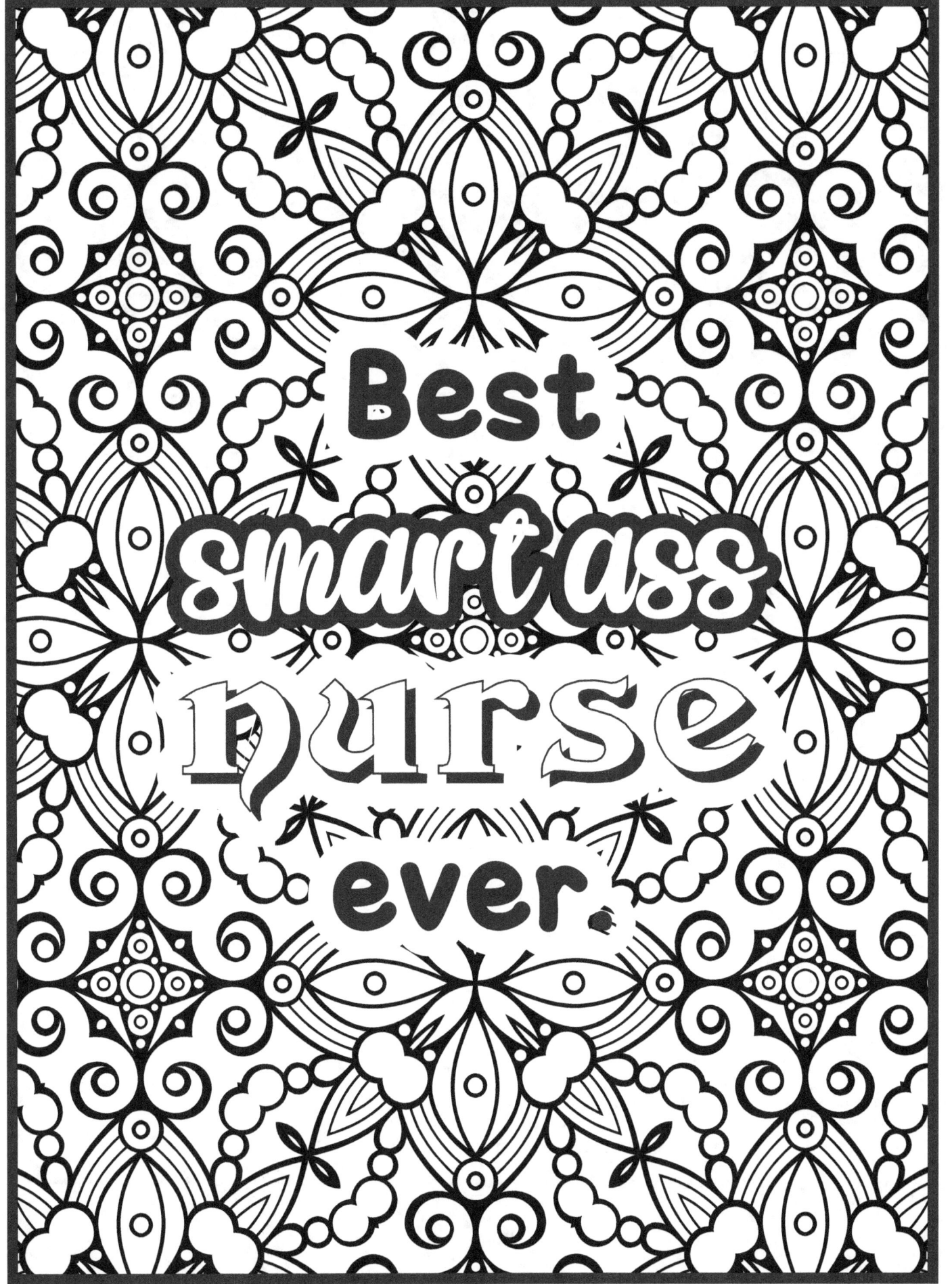

WHY ARE YOU COLORING TODAY   DATE: _____ / ___ / _____

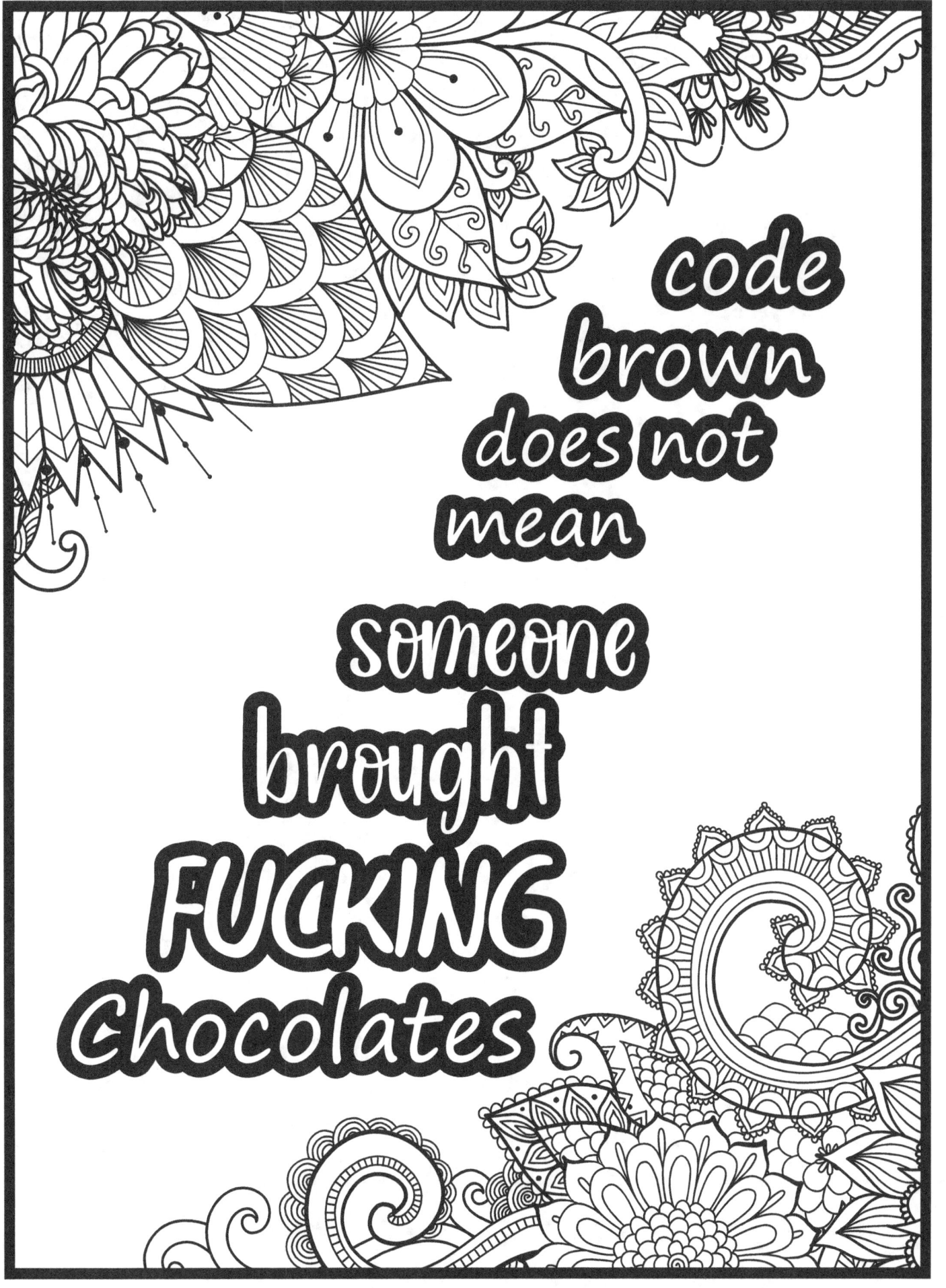

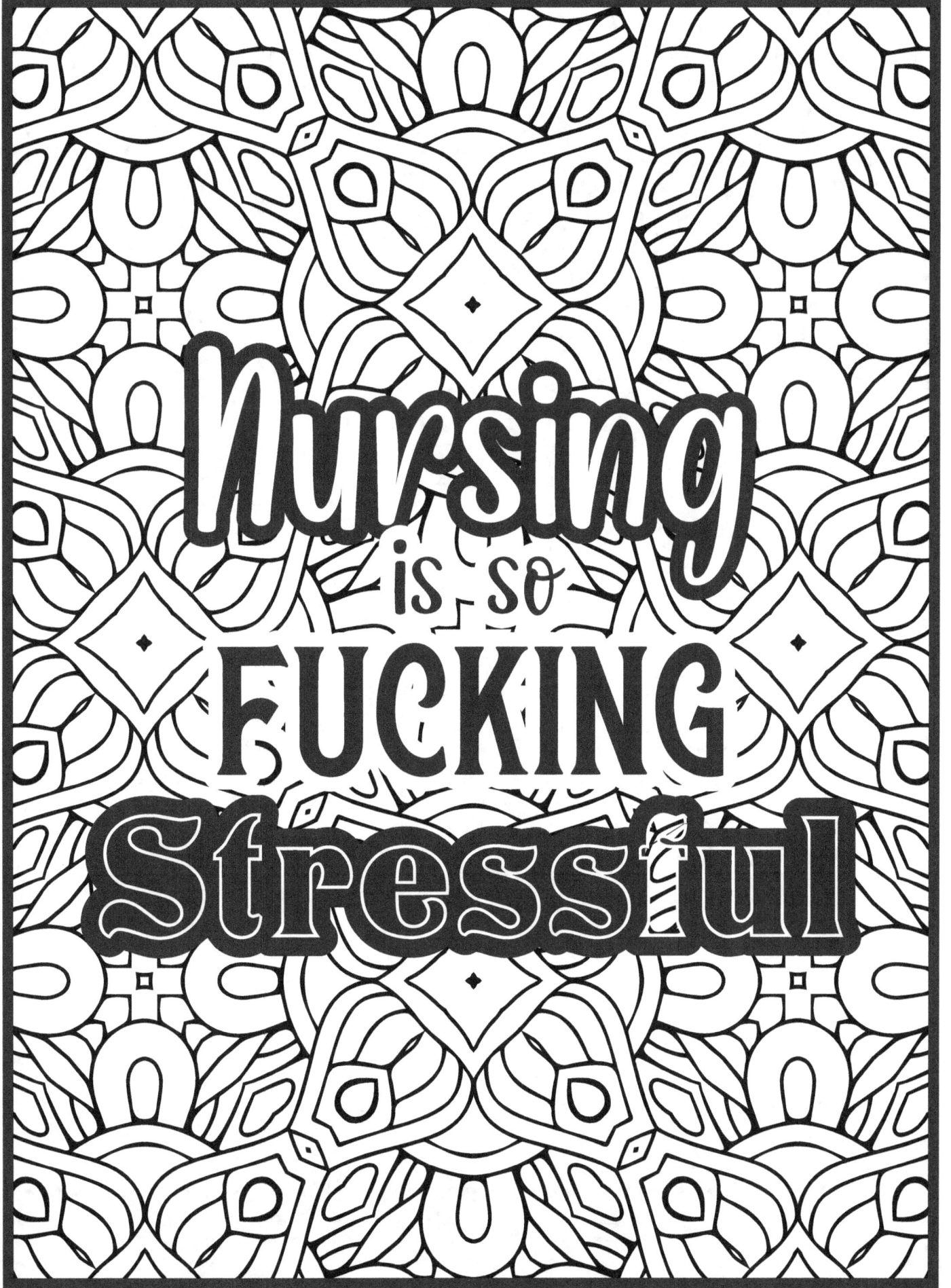

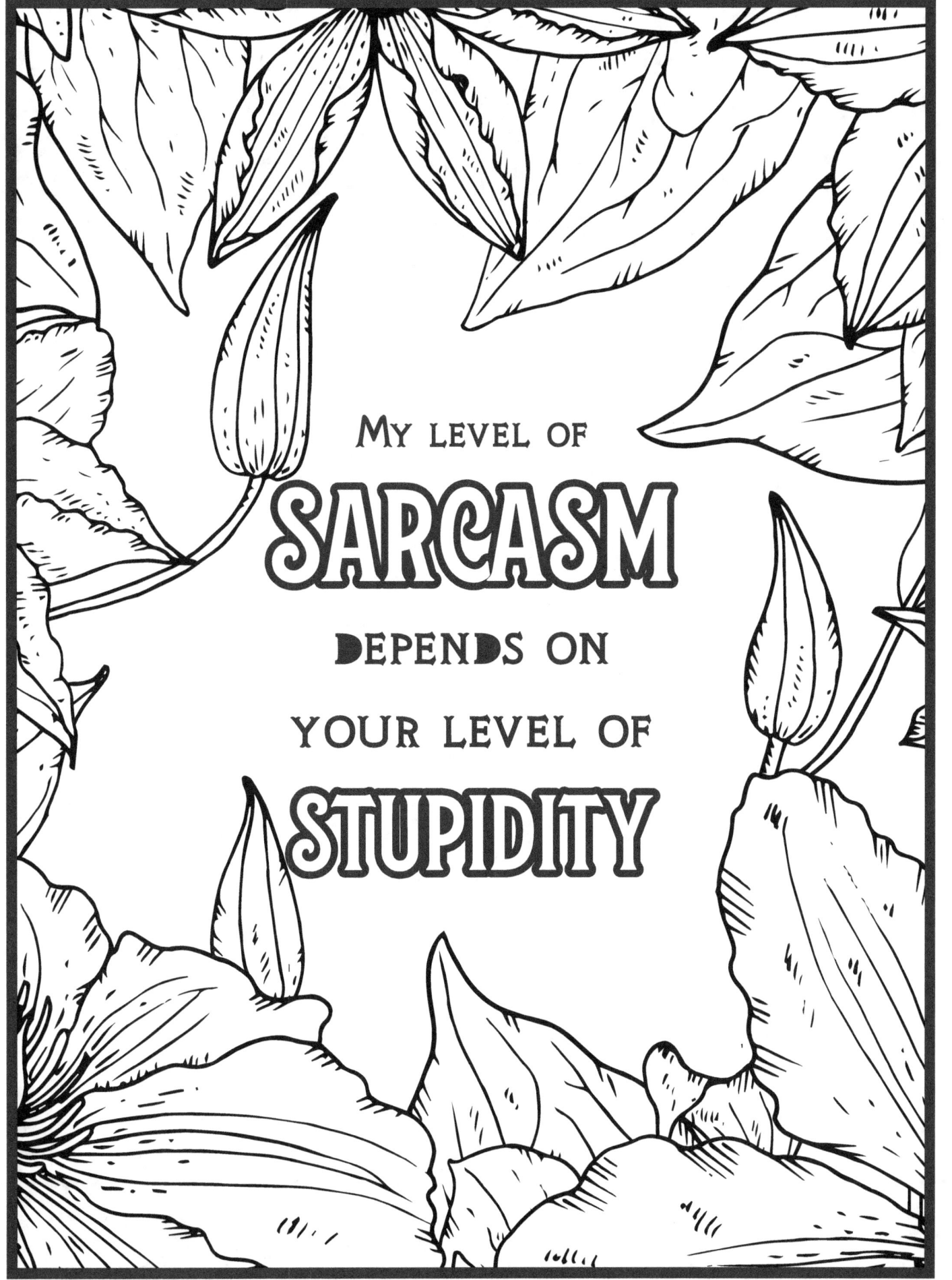

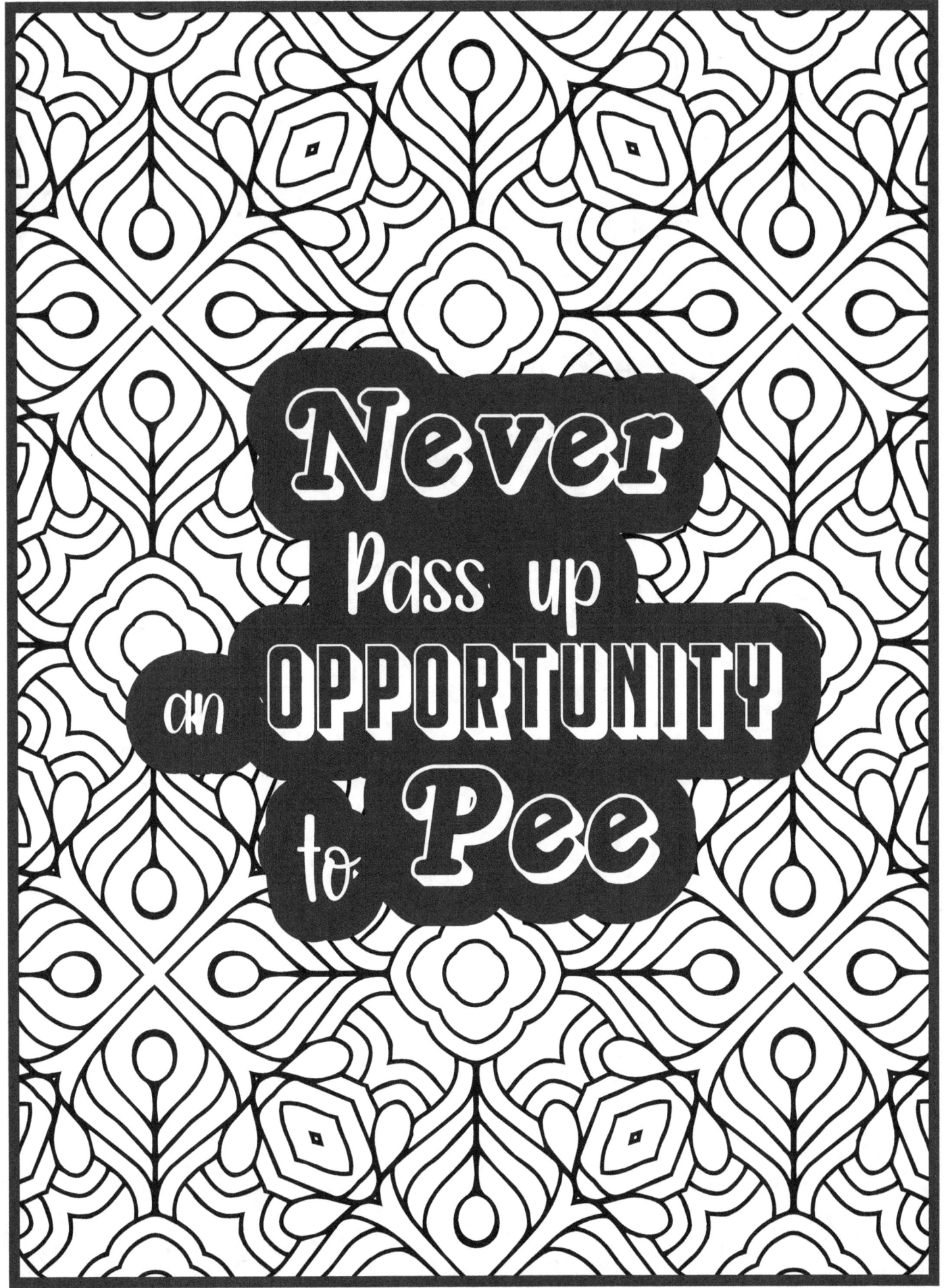

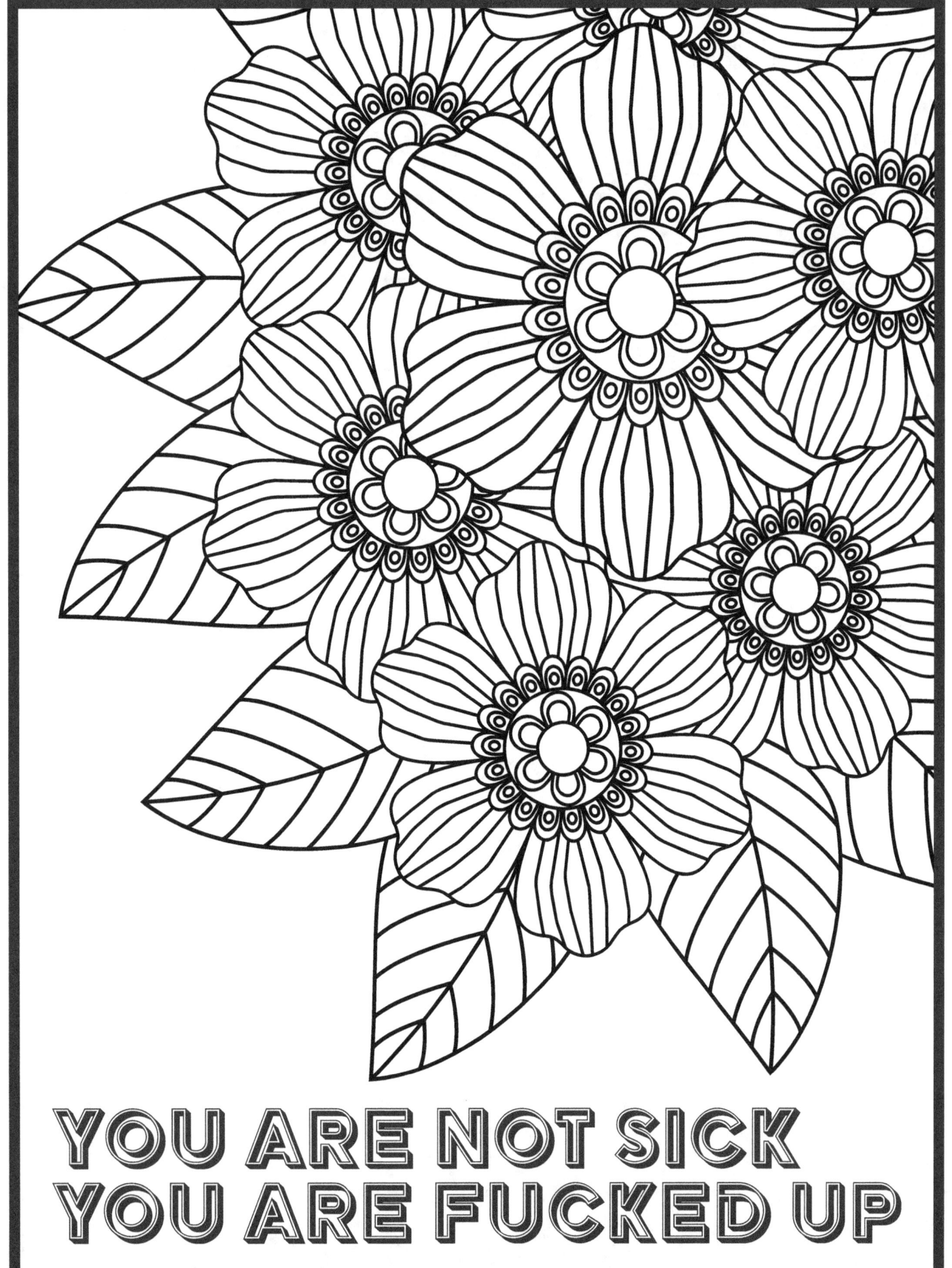

YOU ARE NOT SICK
YOU ARE FUCKED UP

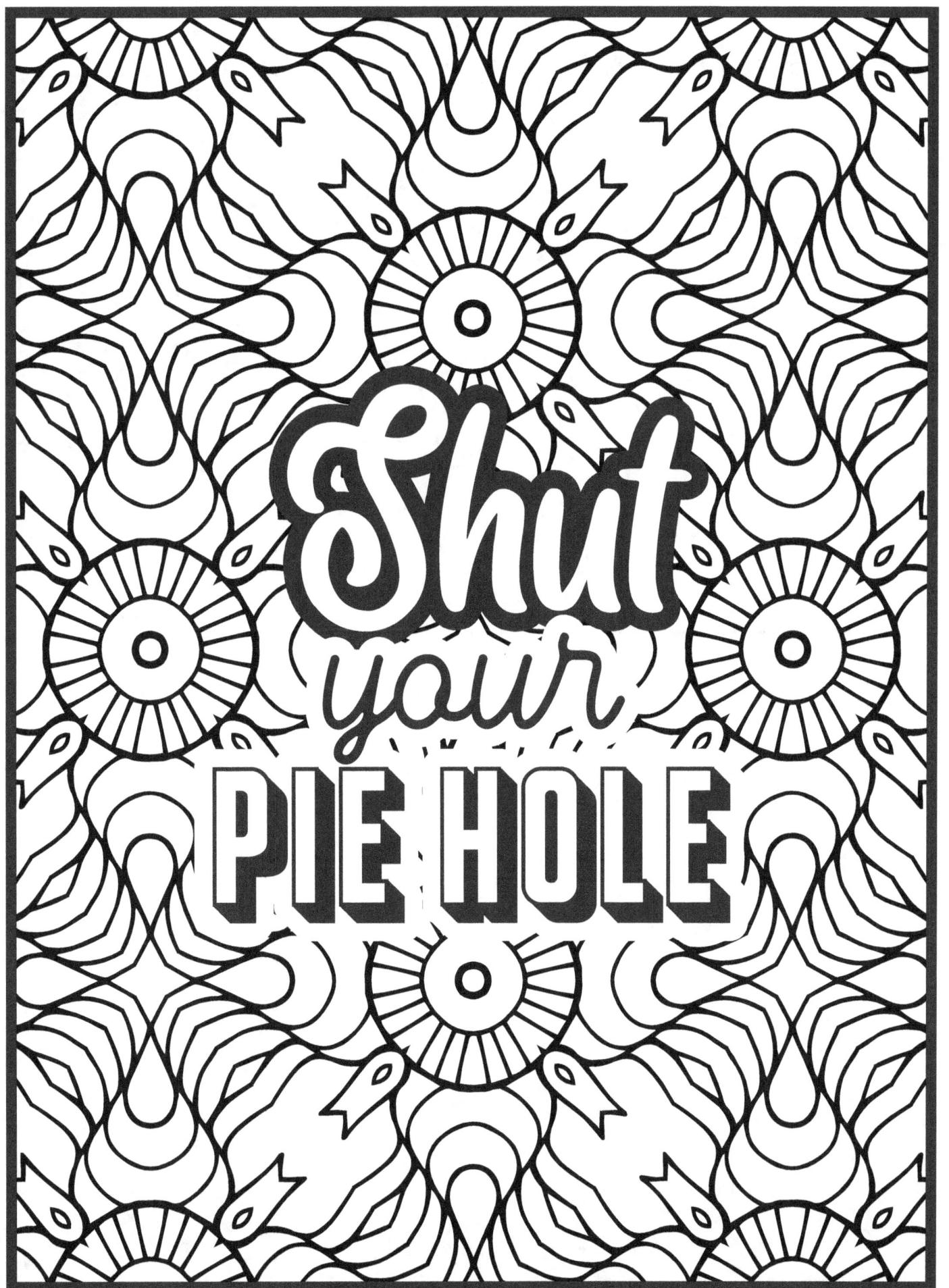

WHY ARE YOU COLORING TODAY   DATE: ____ / ____ / ____

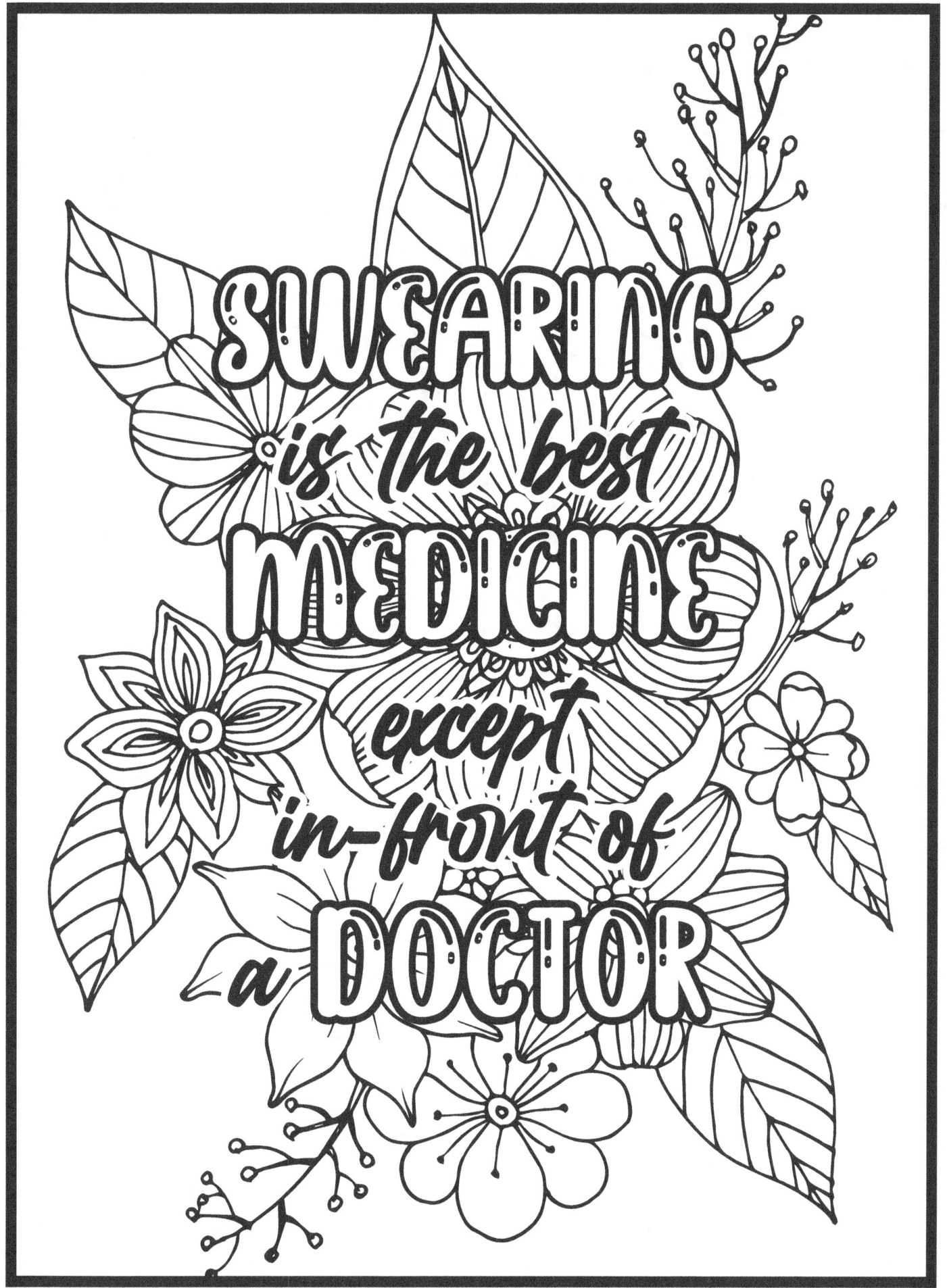

DATE: _____ / / _____

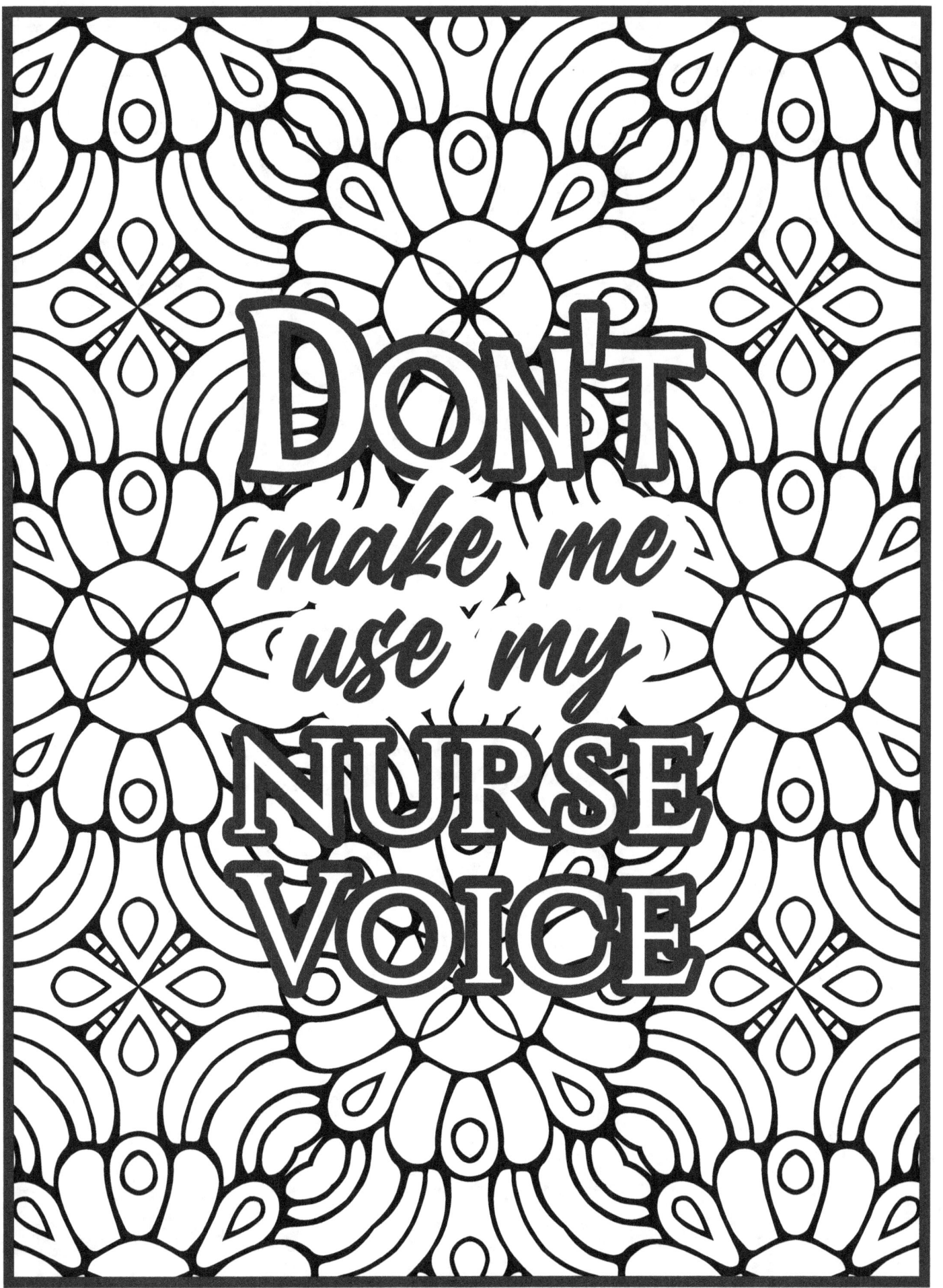

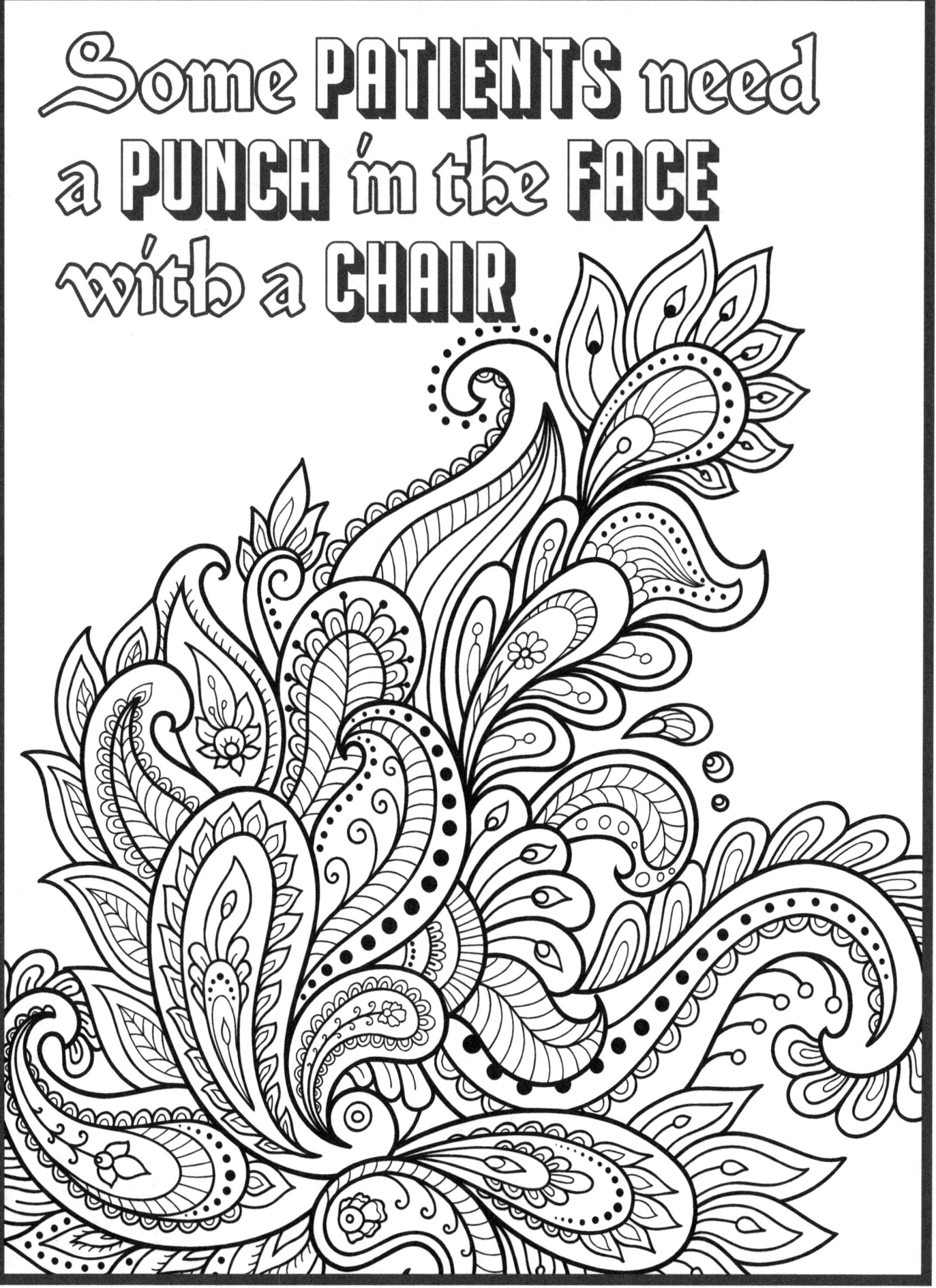

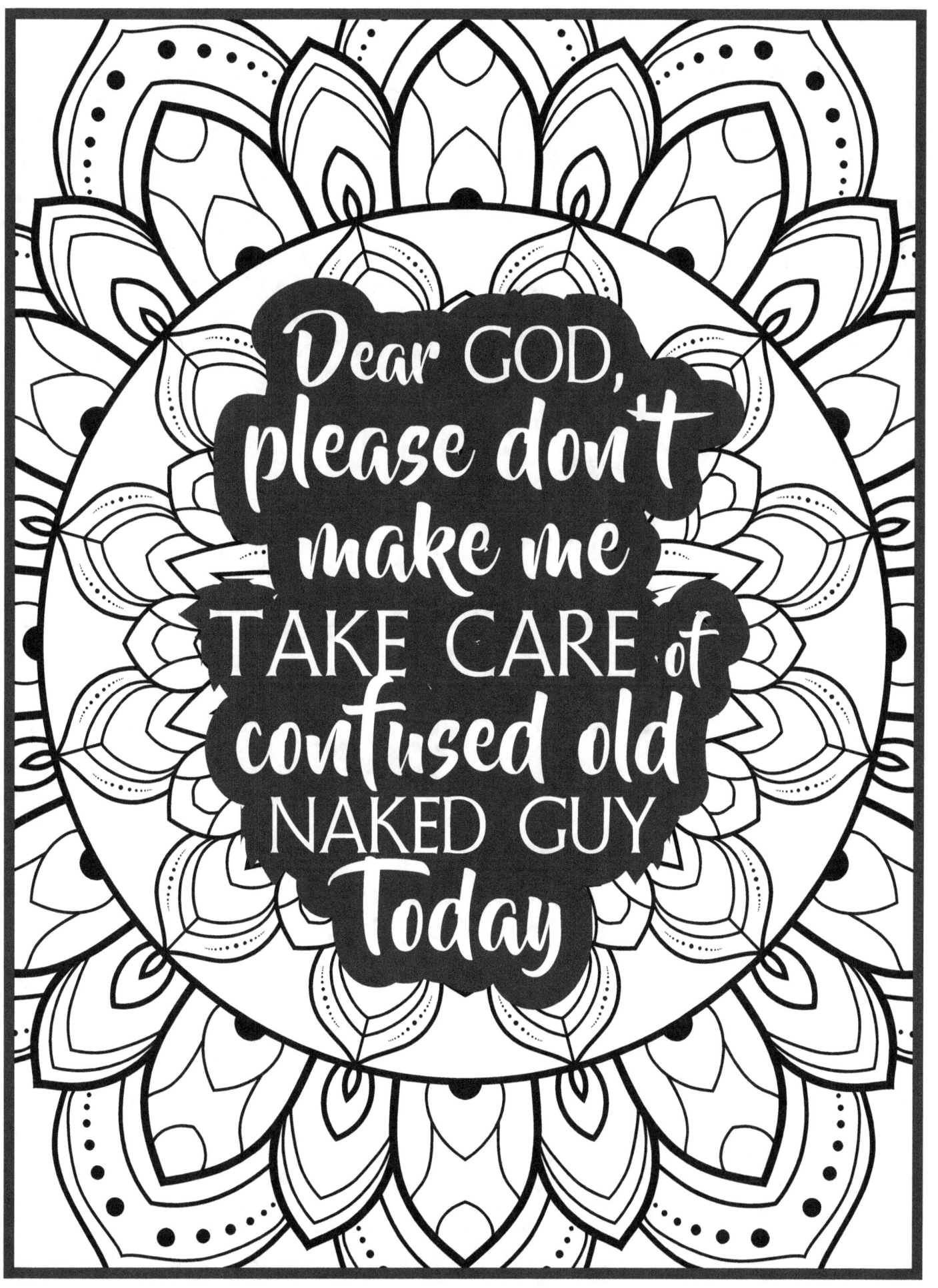

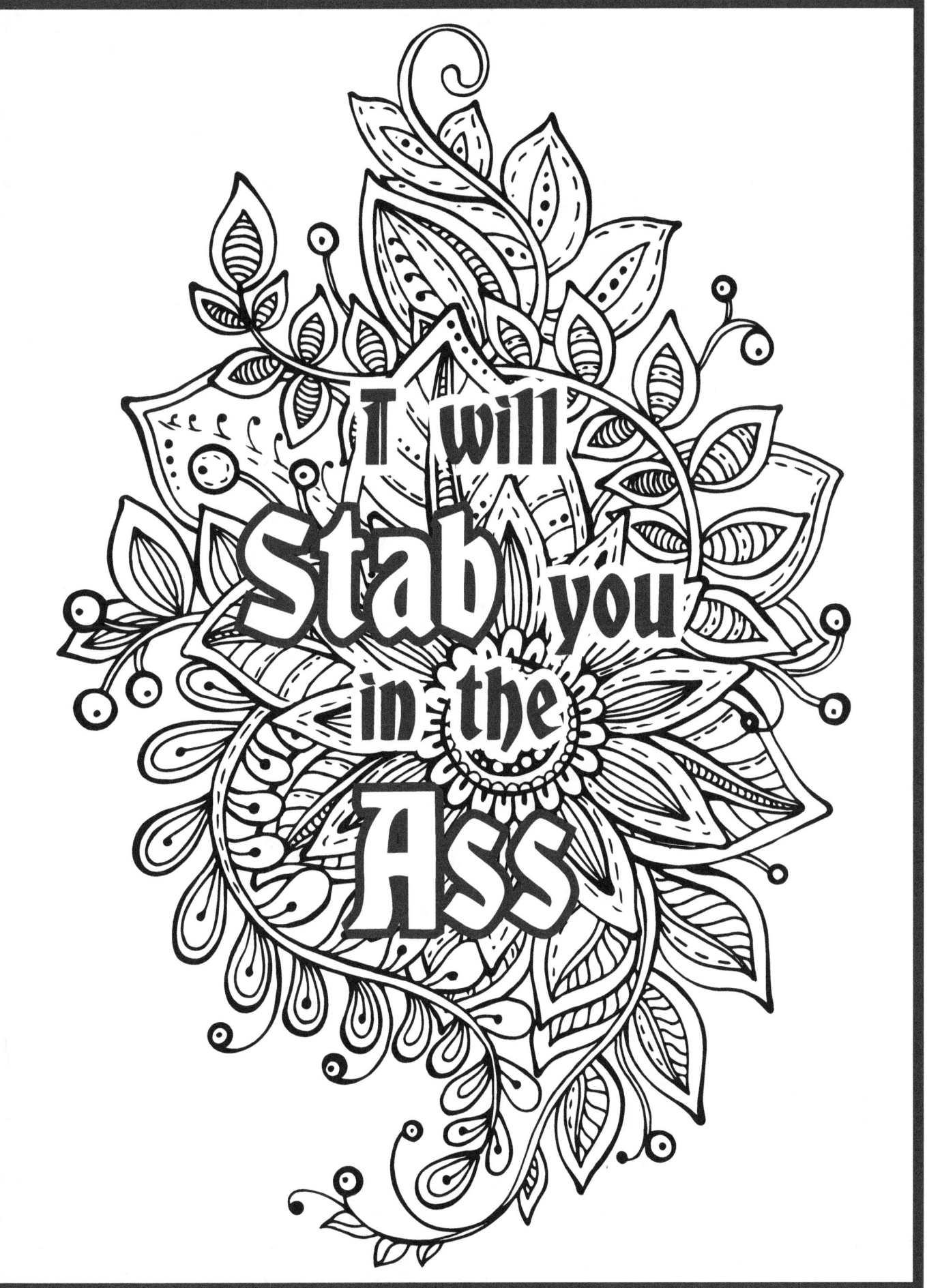

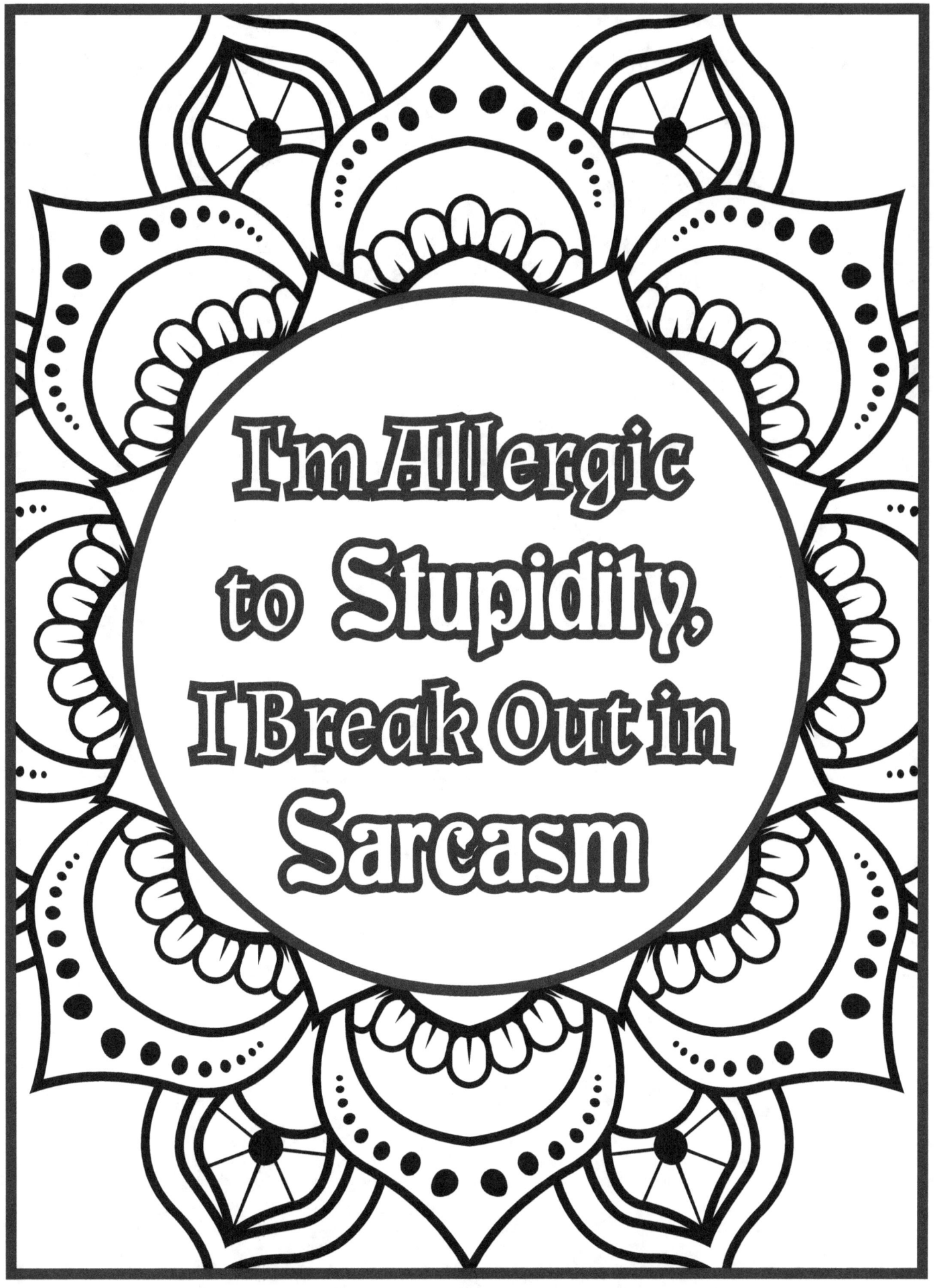

WHY ARE YOU COLORING TODAY   DATE: ____ / ___ / ____

PATIENTS BE LIKE:

FUCK YOU! I'LL STAY UP ALL NIGHT!

You can't stop me!

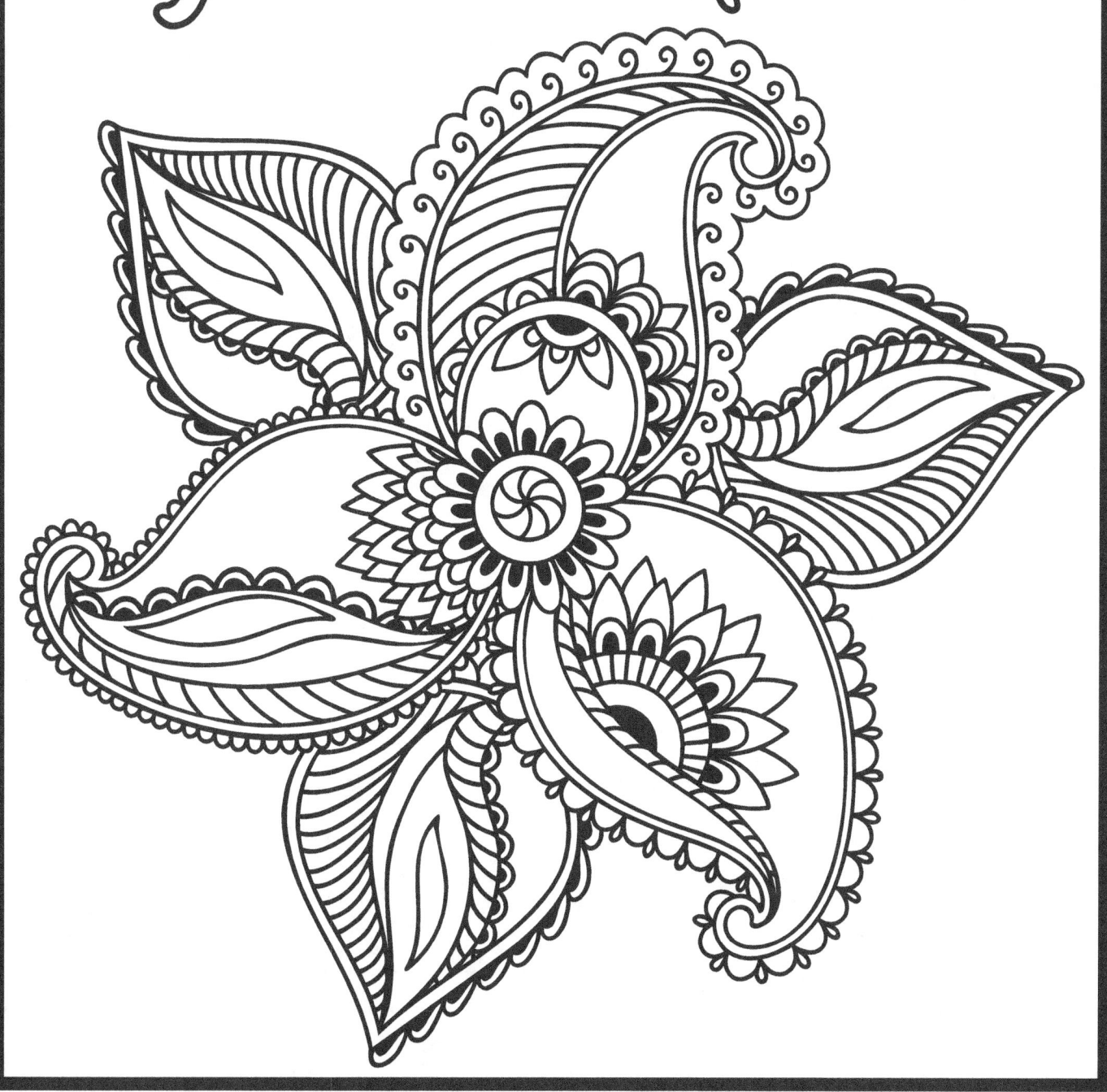

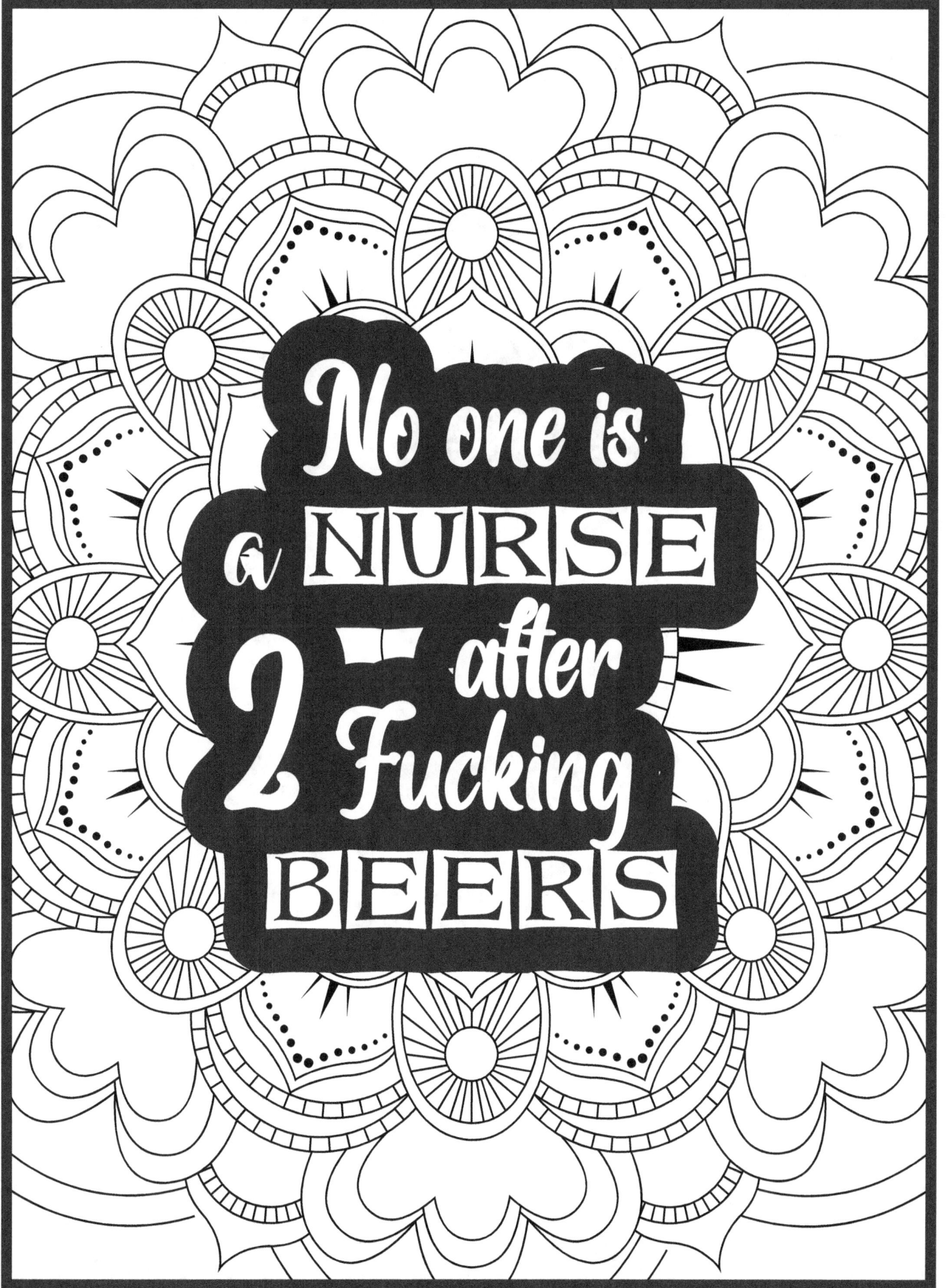

WHY ARE YOU COLORING TODAY

I WANT TO throw that chair
ON SOME patients face
BUT I CAN'T

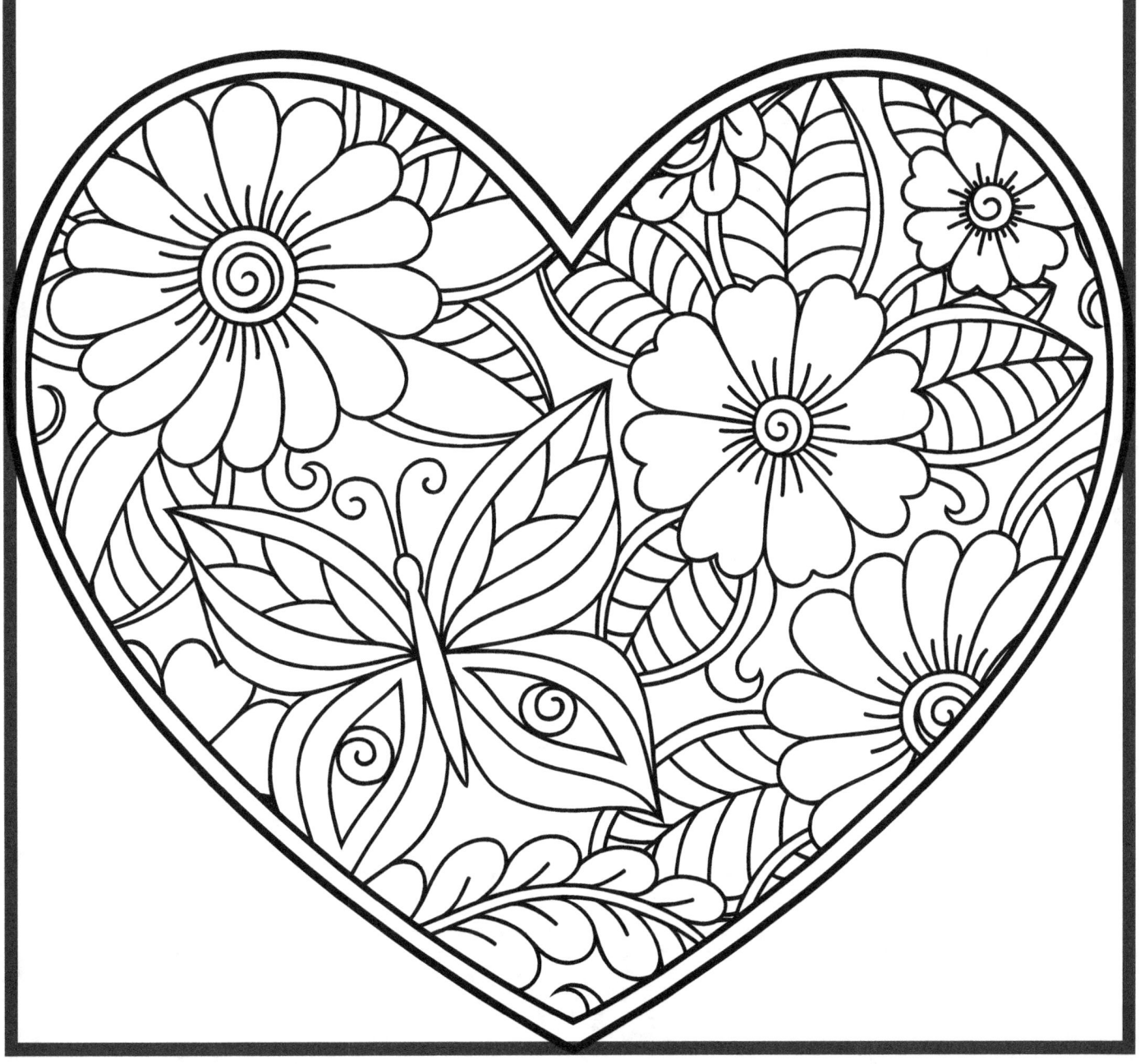

WHY ARE YOU COLORING TODAY   DATE: _____ / ____ / _____

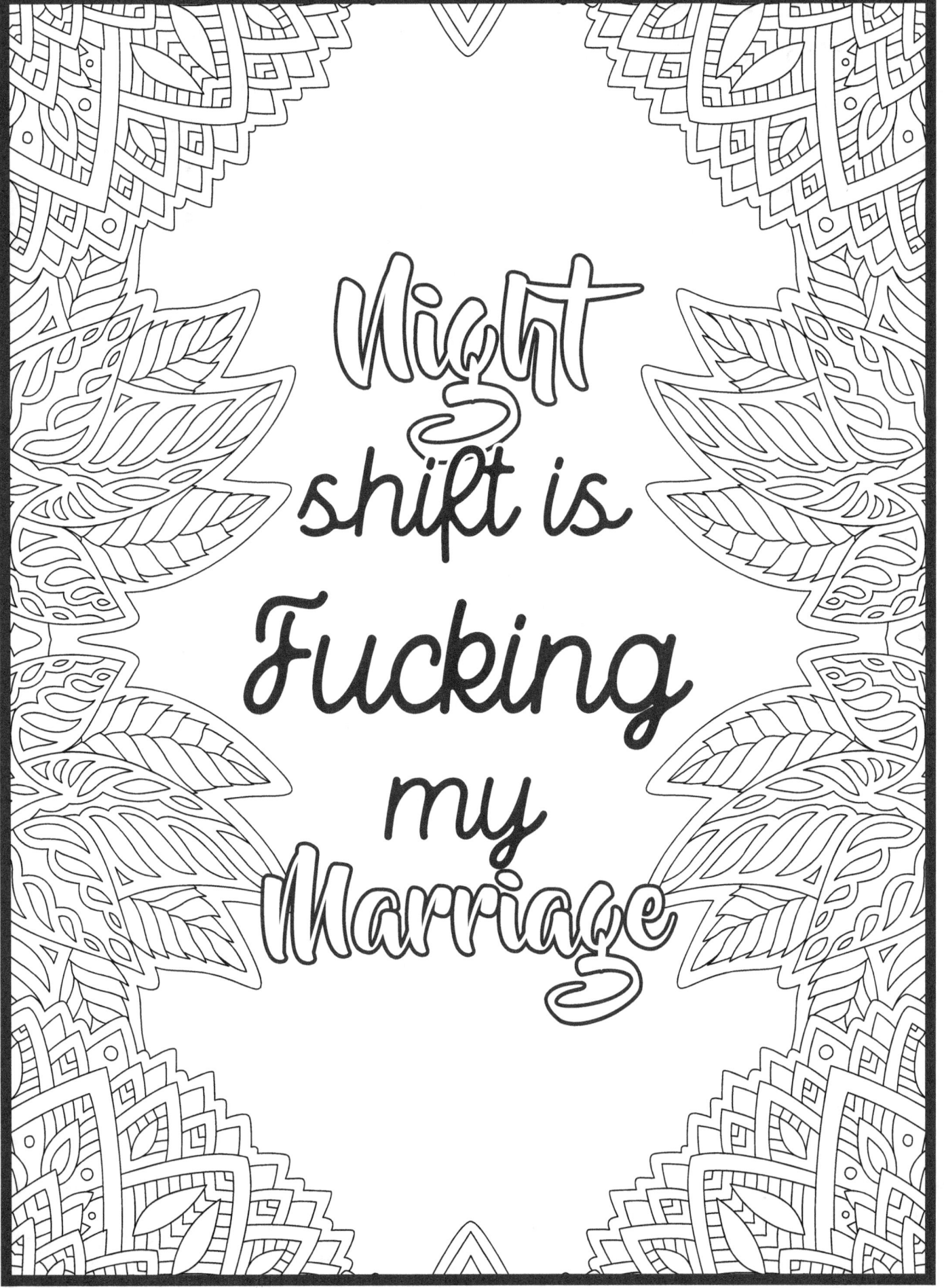

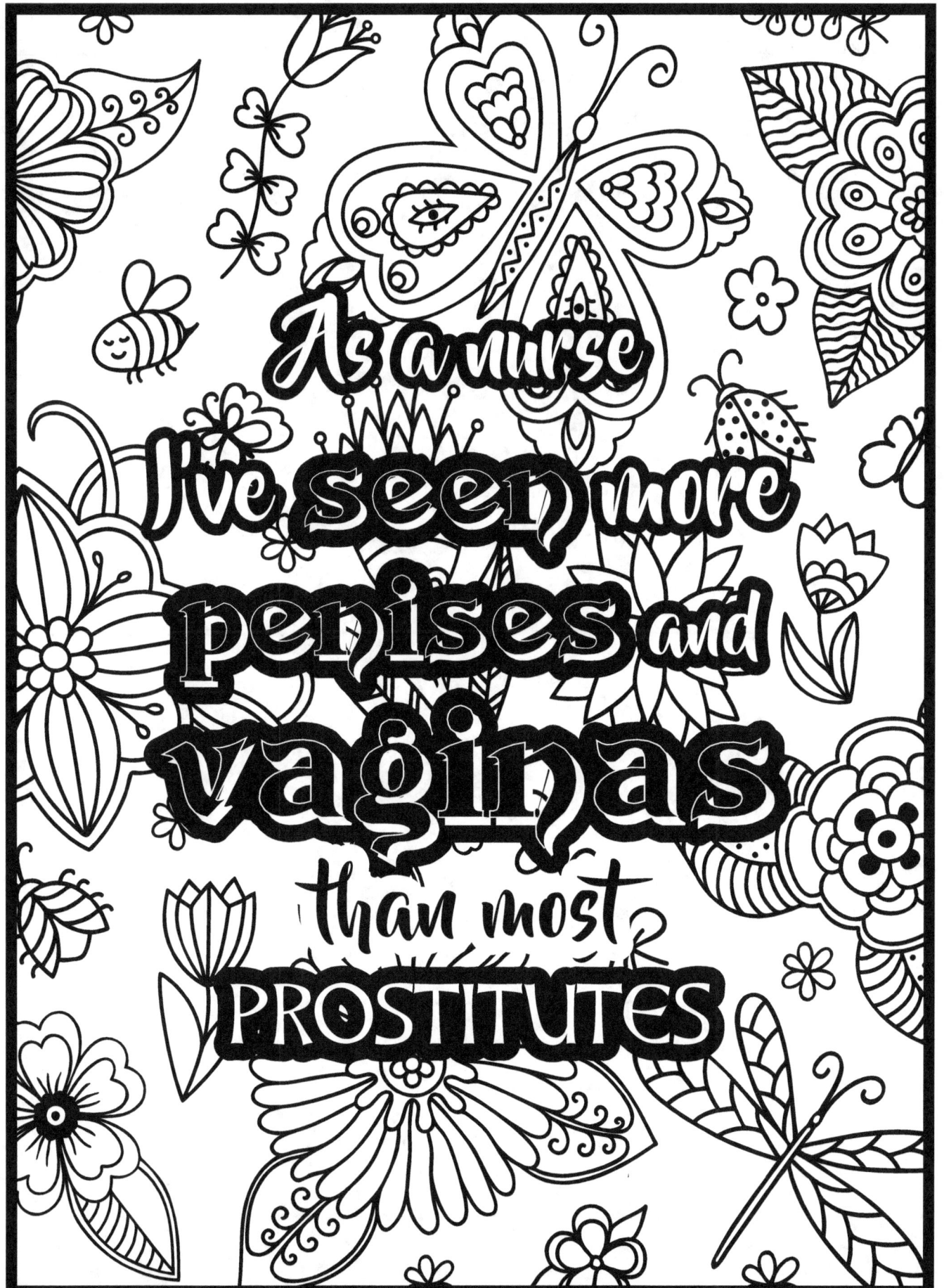

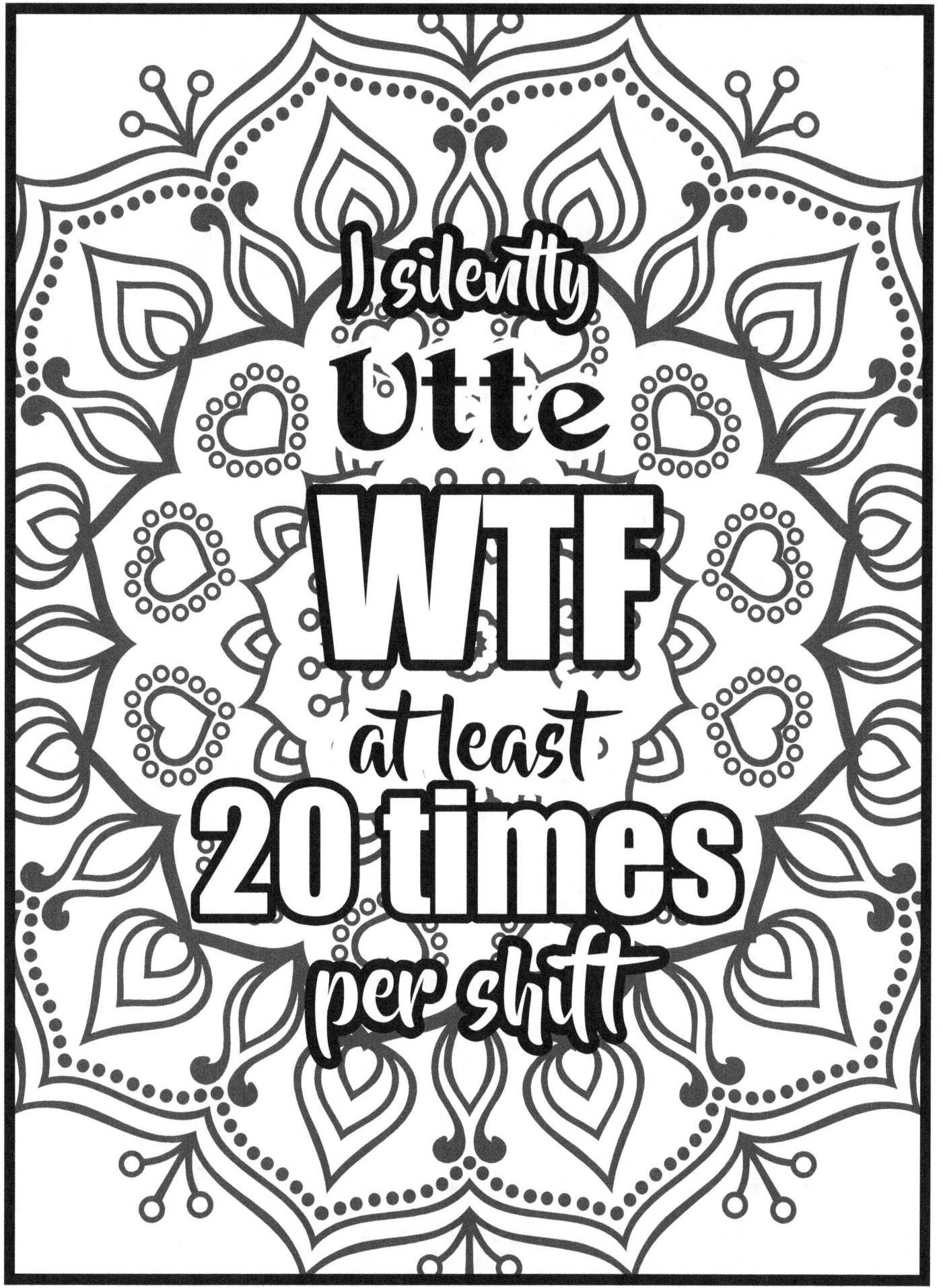

WHY ARE YOU COLORING TODAY   DATE: _____/____/_____

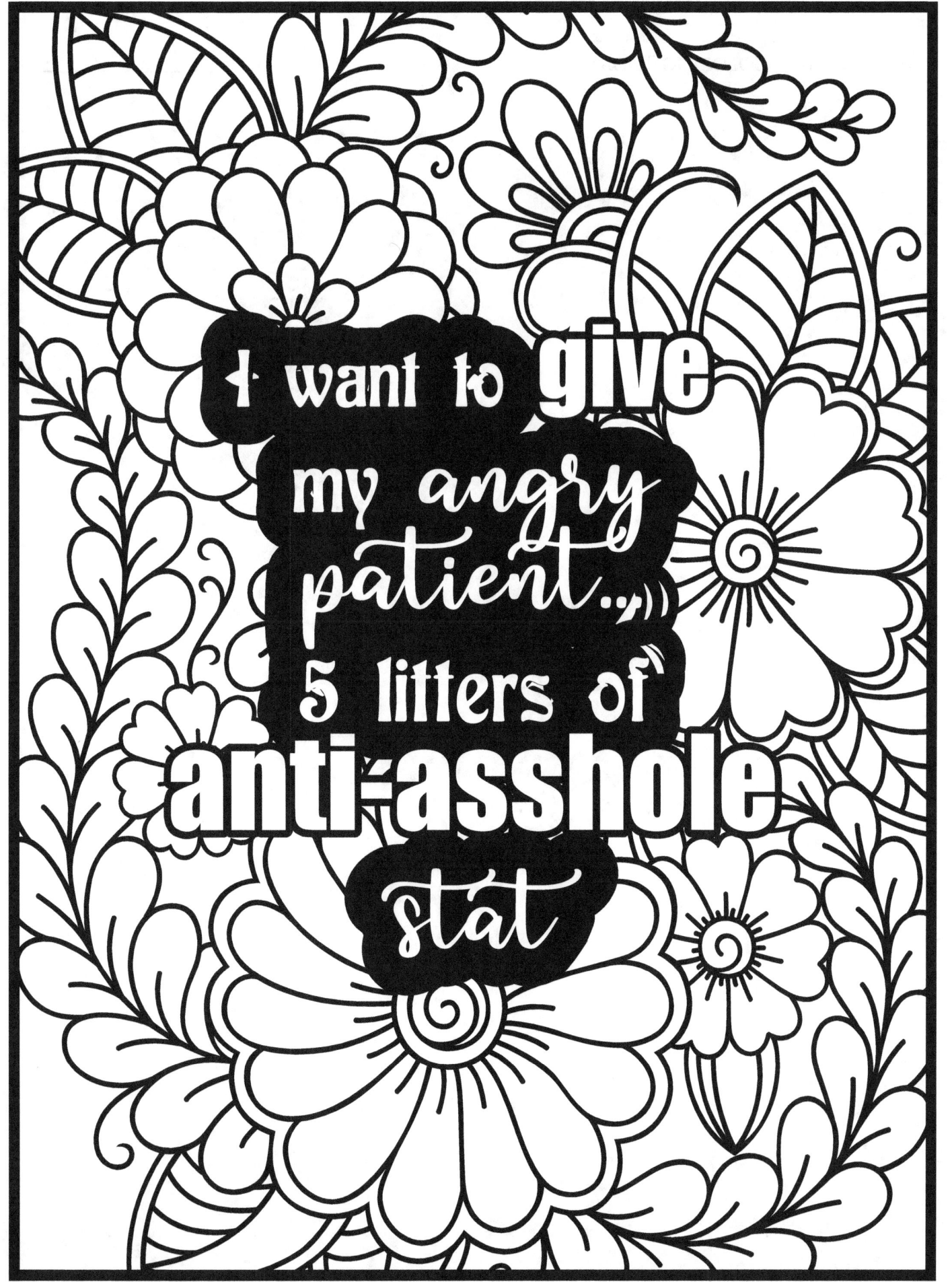

WHY ARE YOU COLORING TODAY   DATE: _____ / _____ / _____

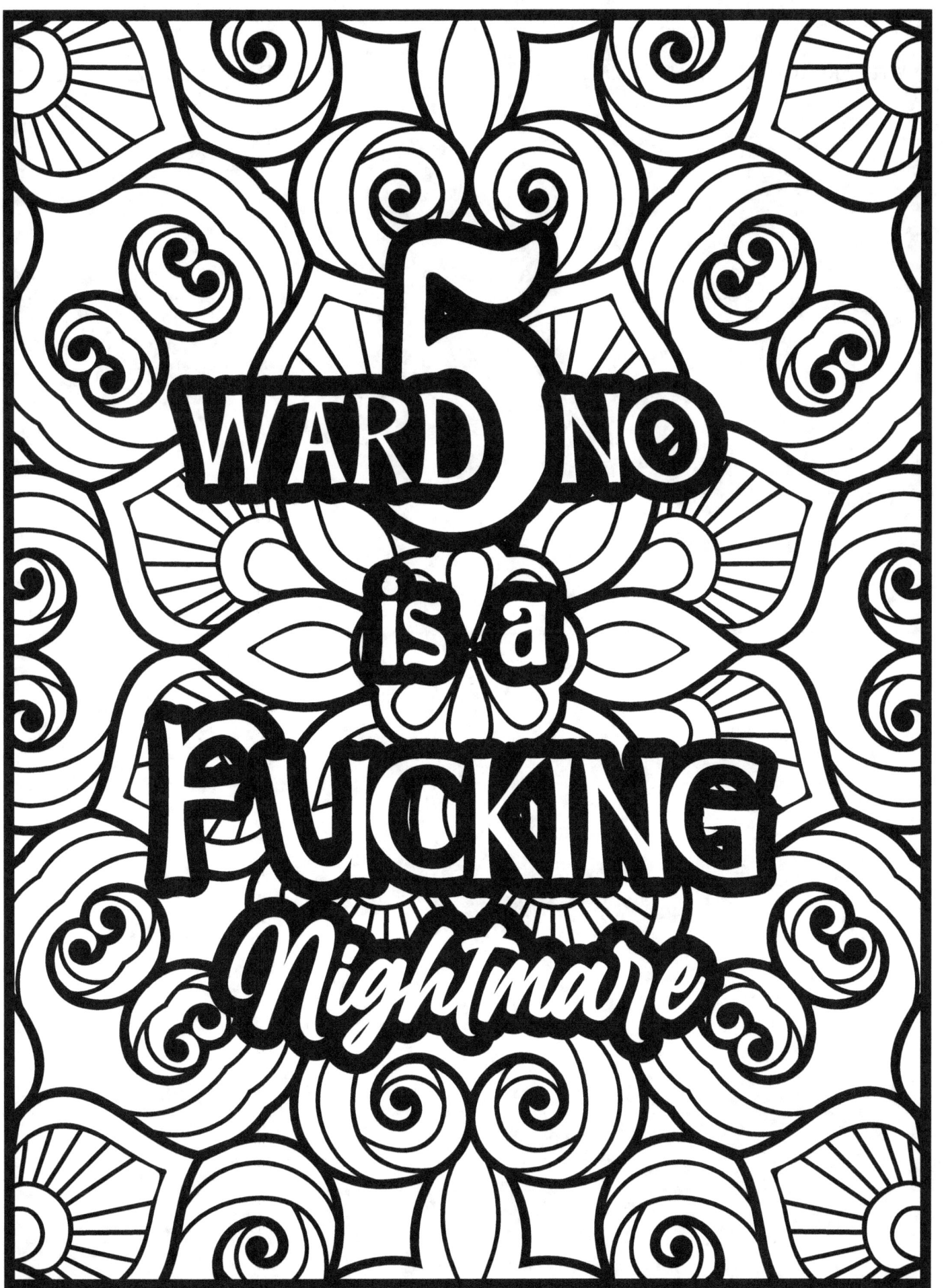

WHY ARE YOU COLORING TODAY

DATE: _____ / _____ / _____

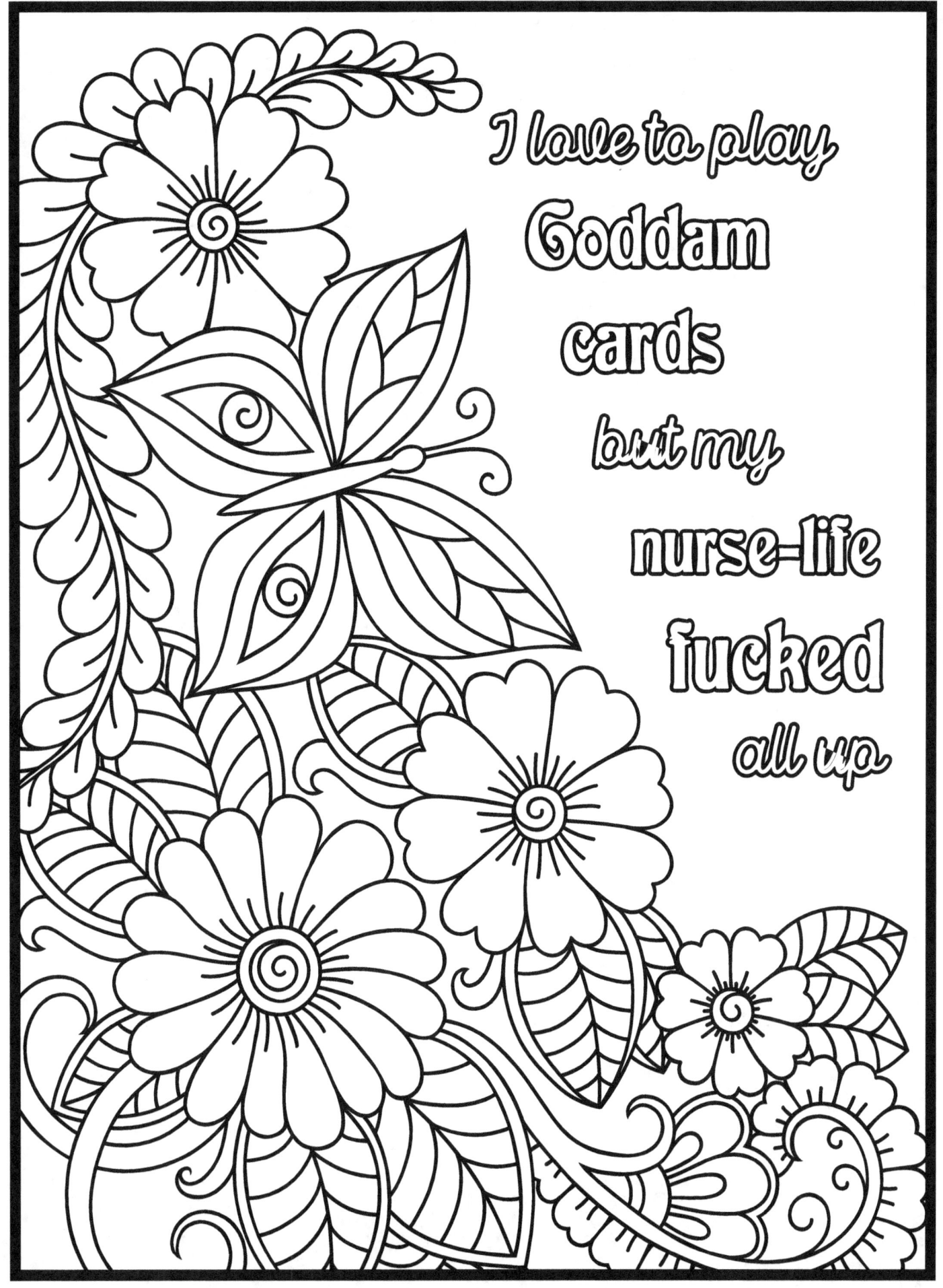

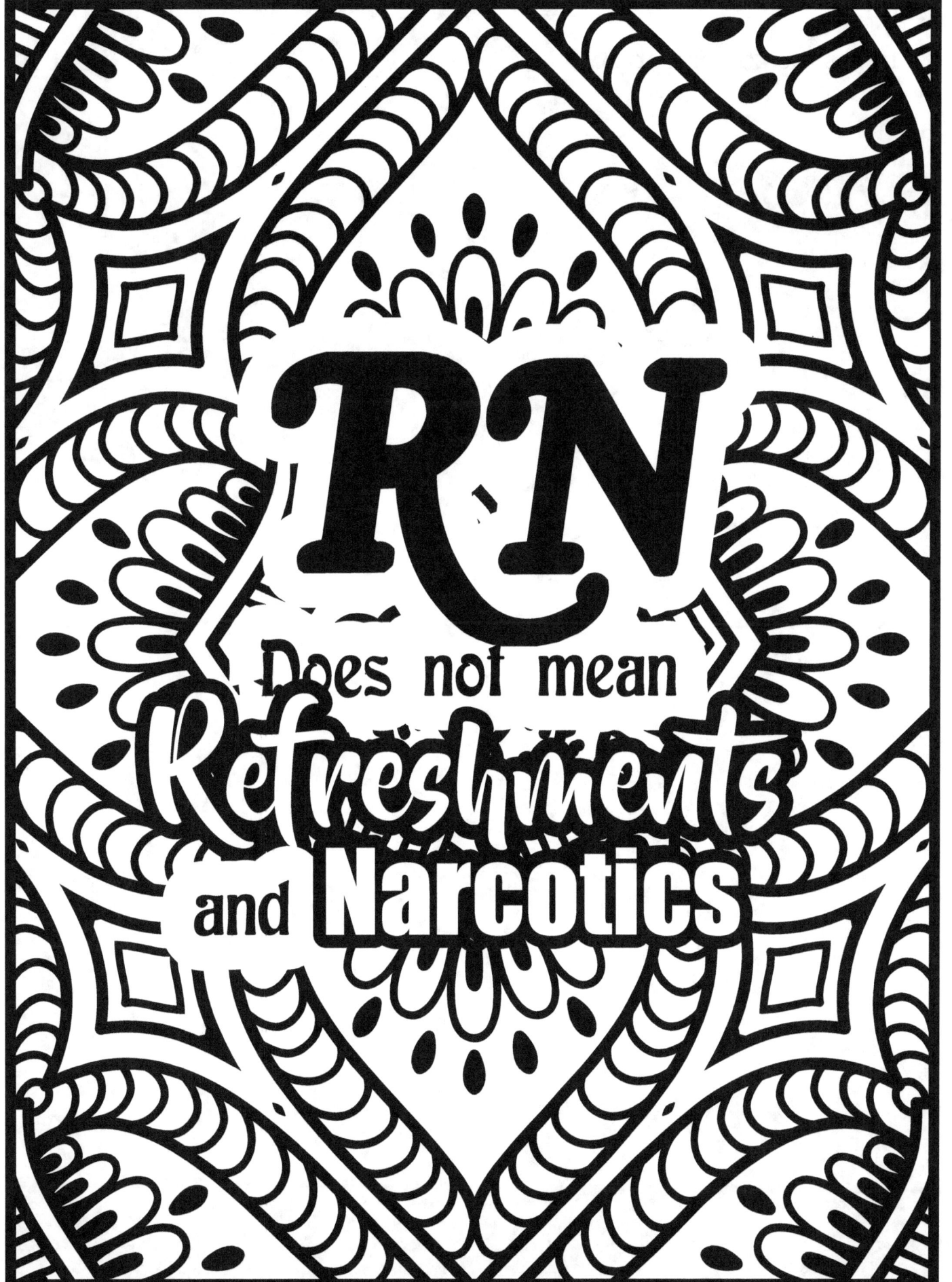

WHY ARE YOU COLORING TODAY

DATE: _____ / _____ / _____

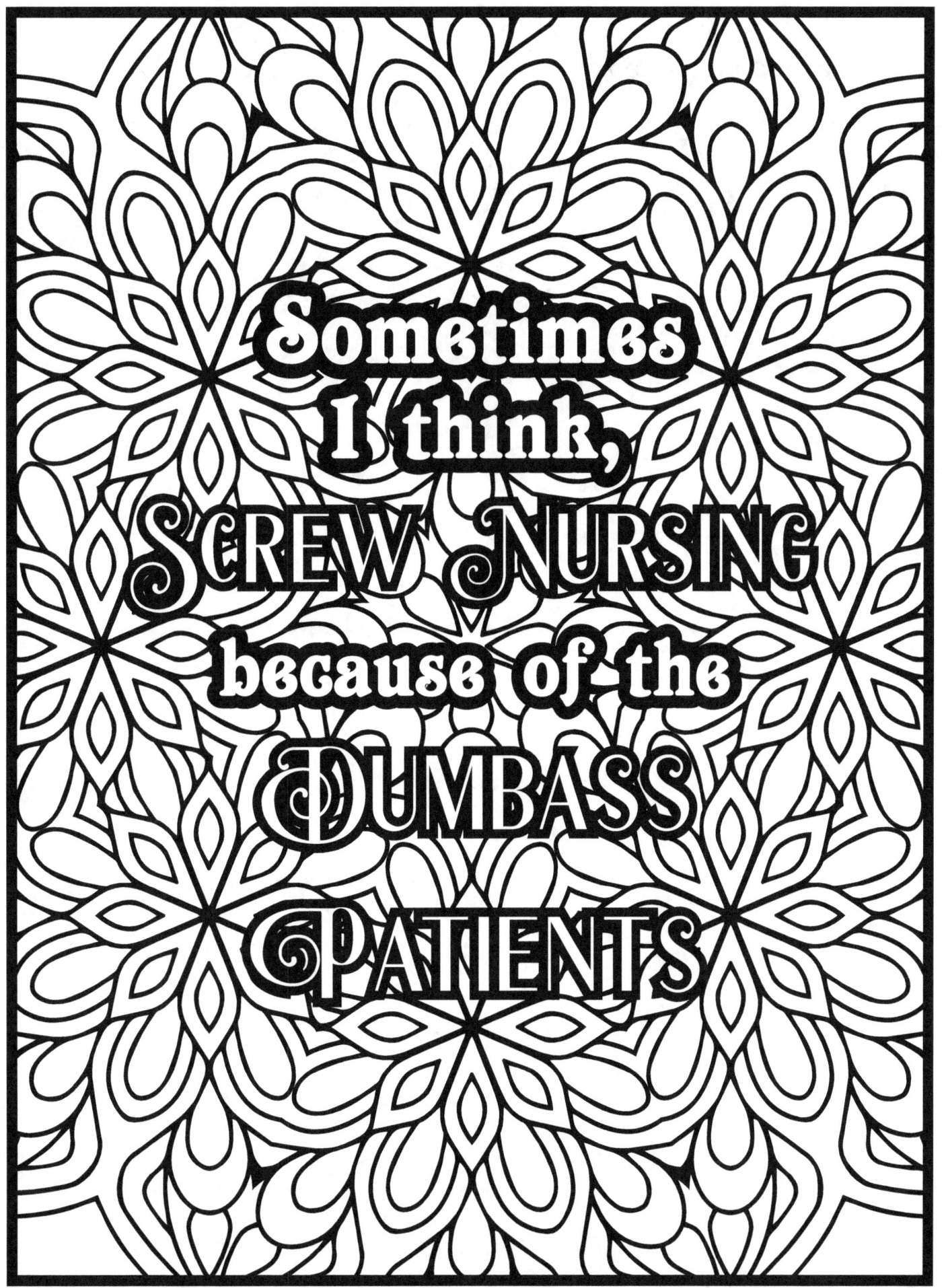

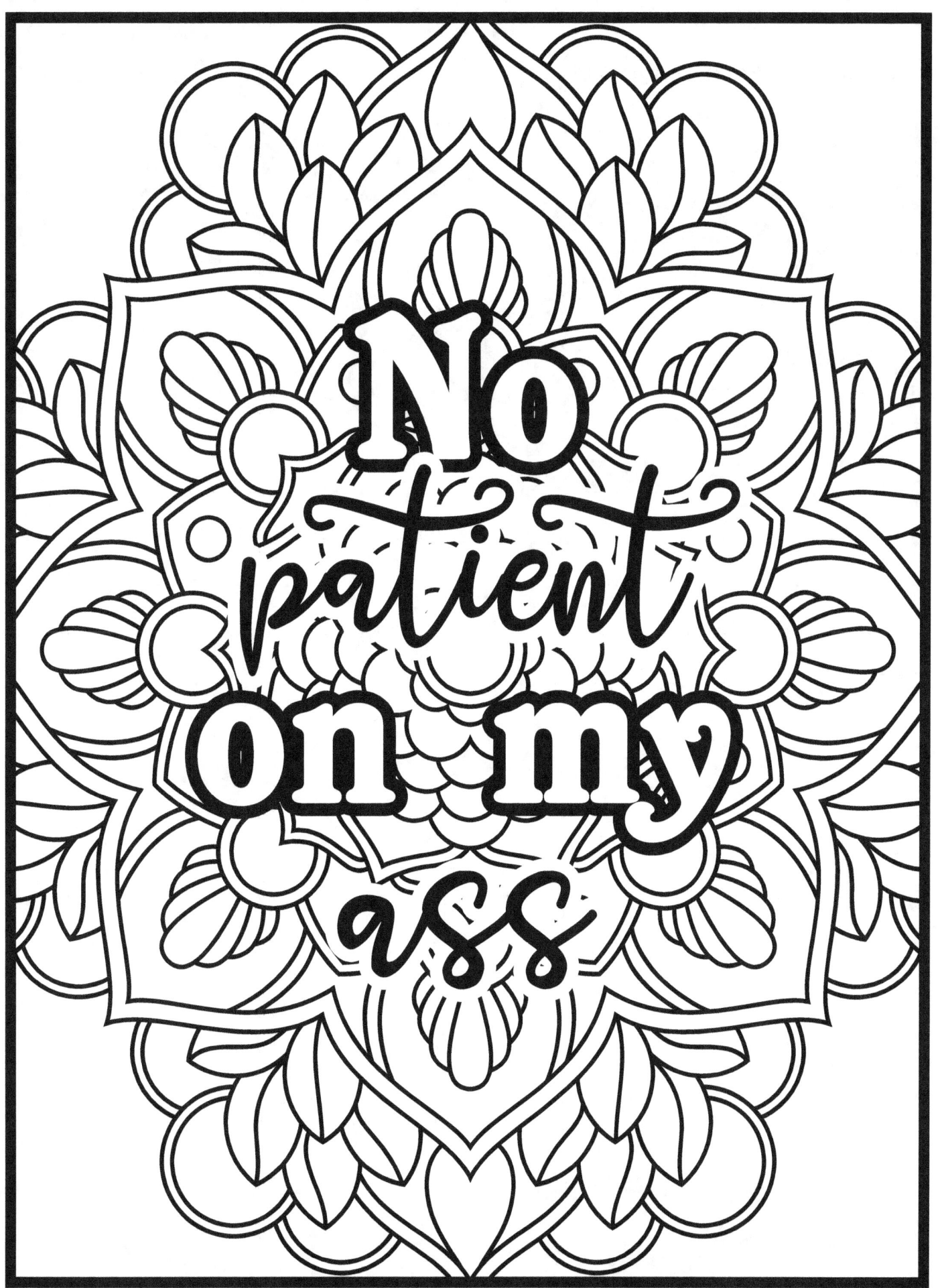

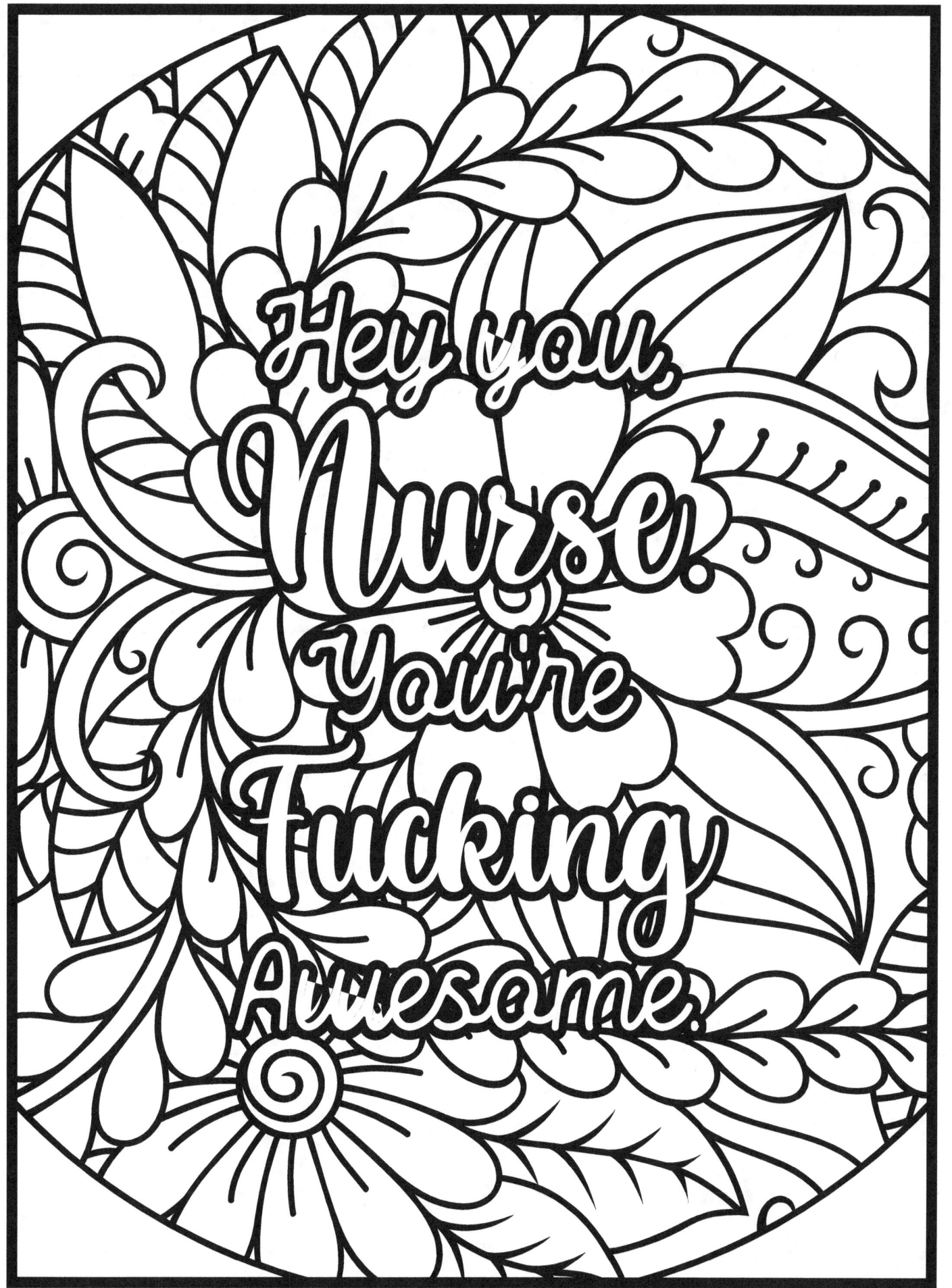

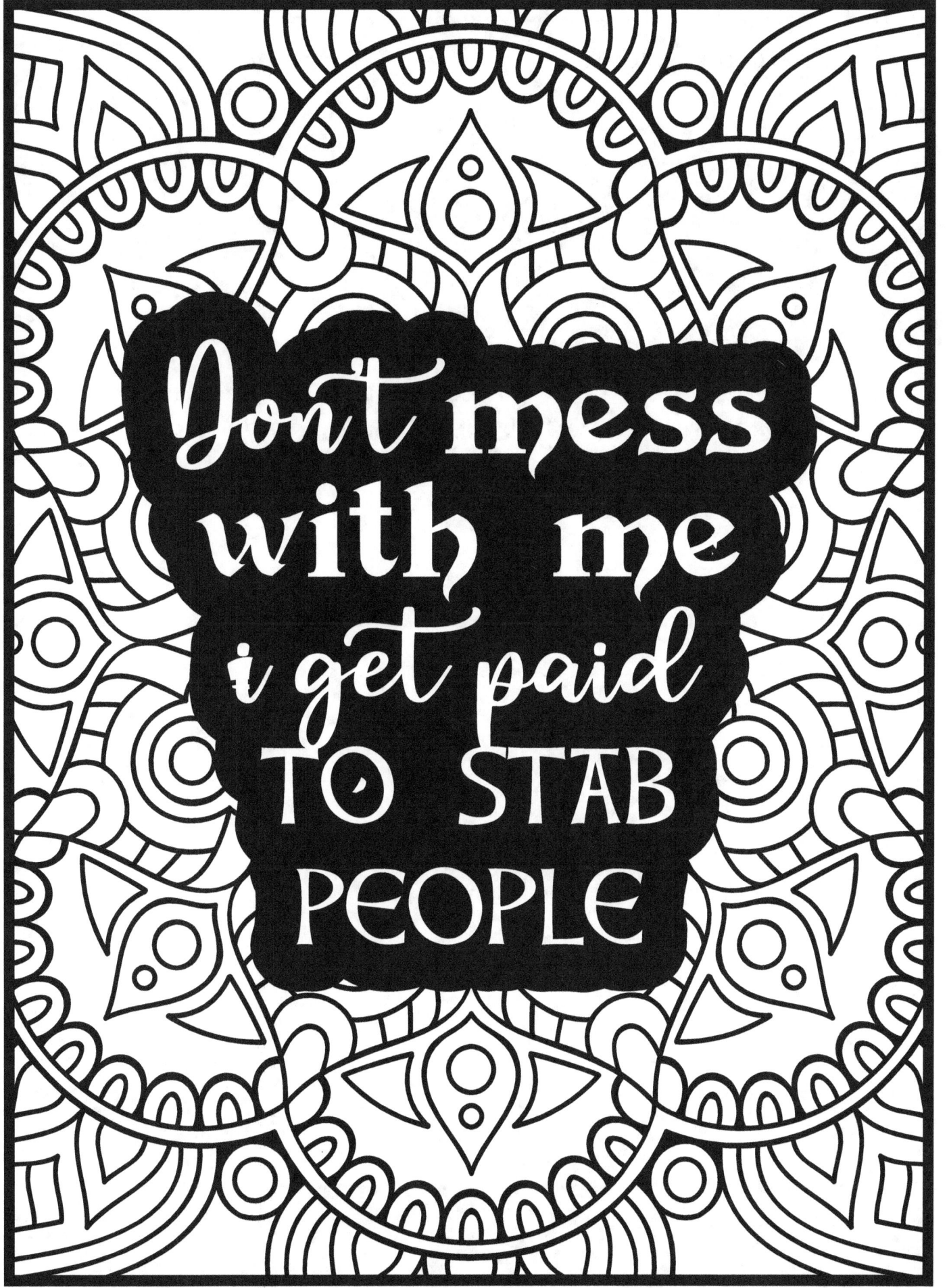

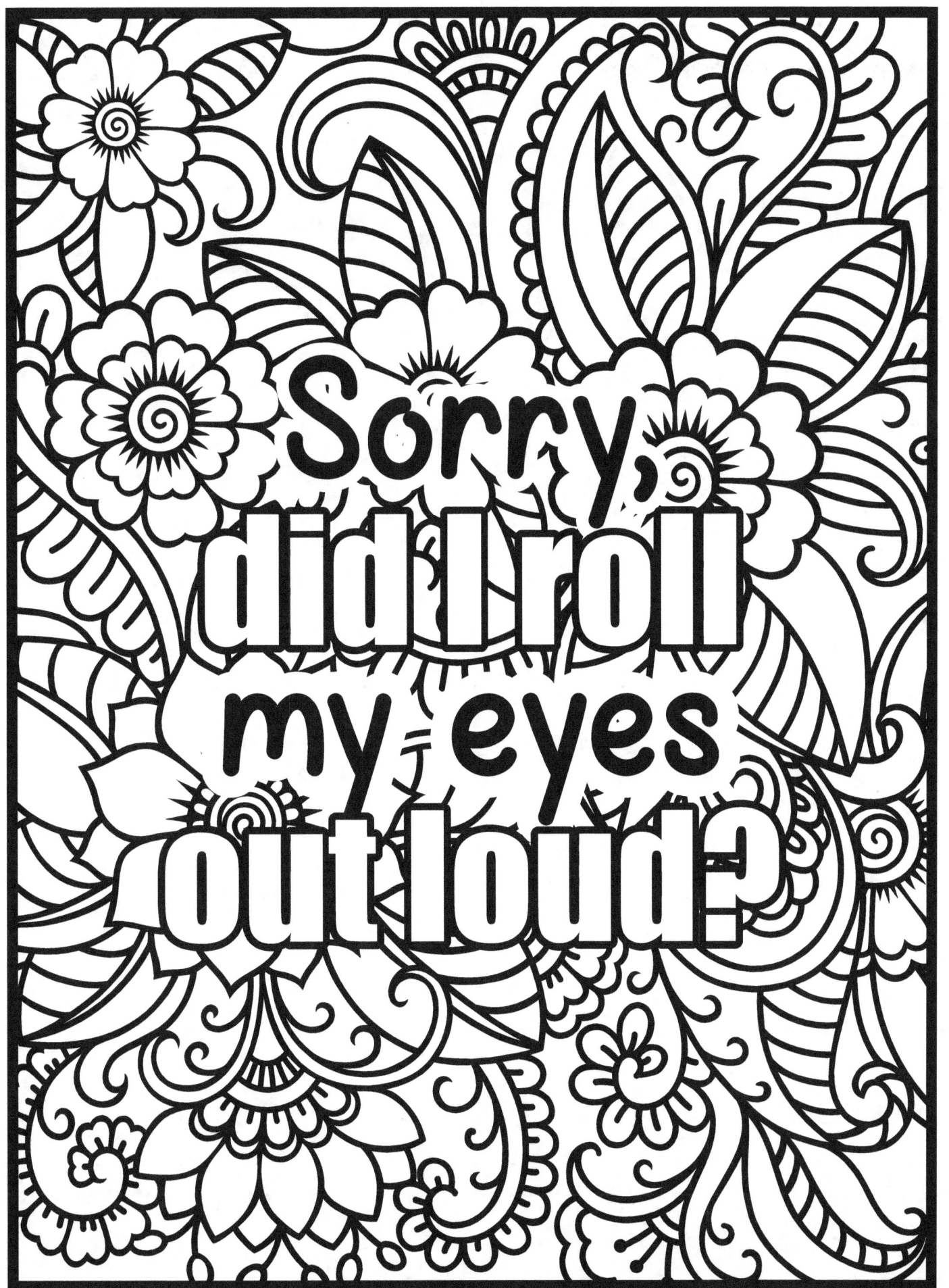

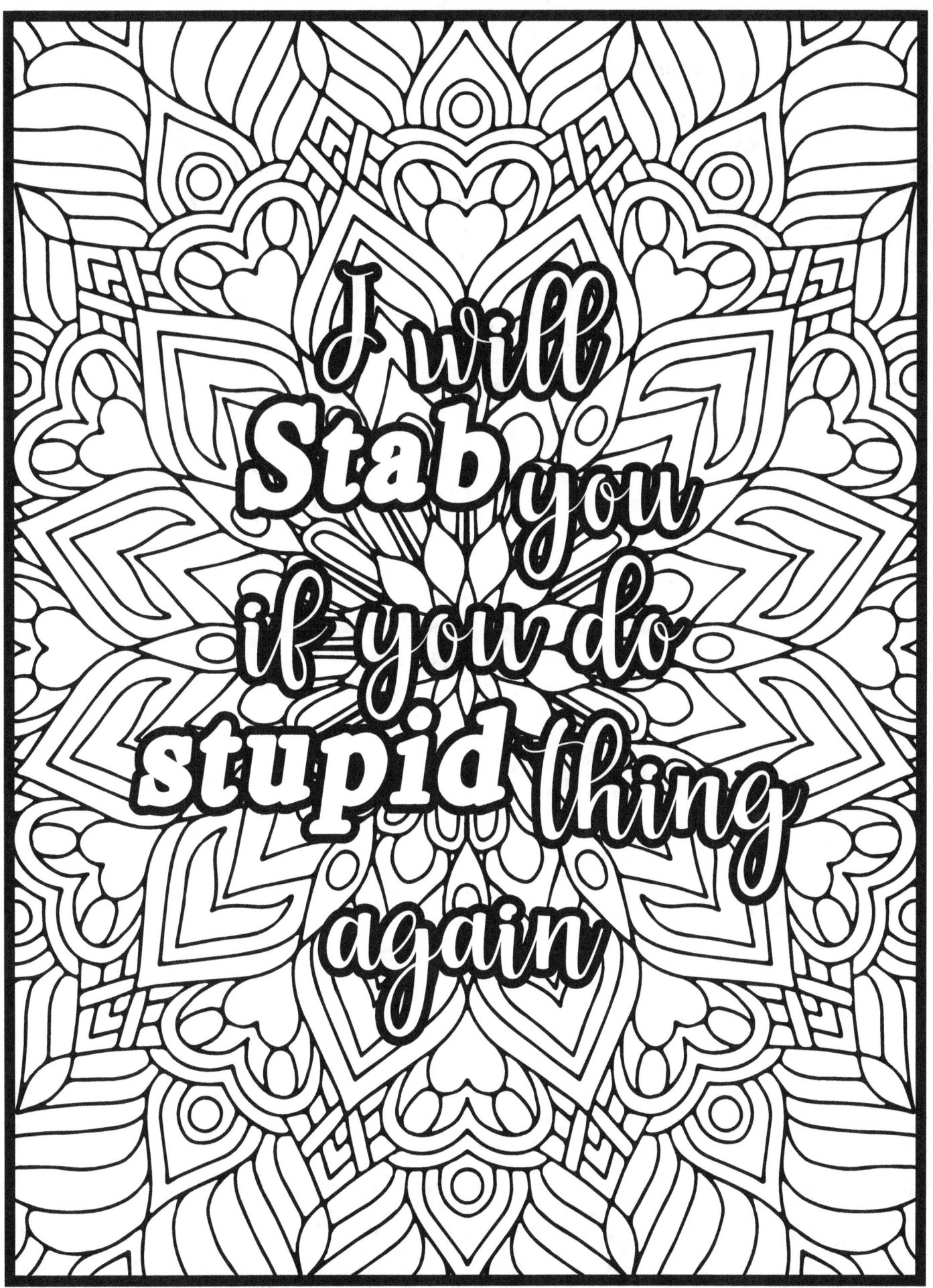

WHY ARE YOU COLORING TODAY   DATE: _____ / / _____

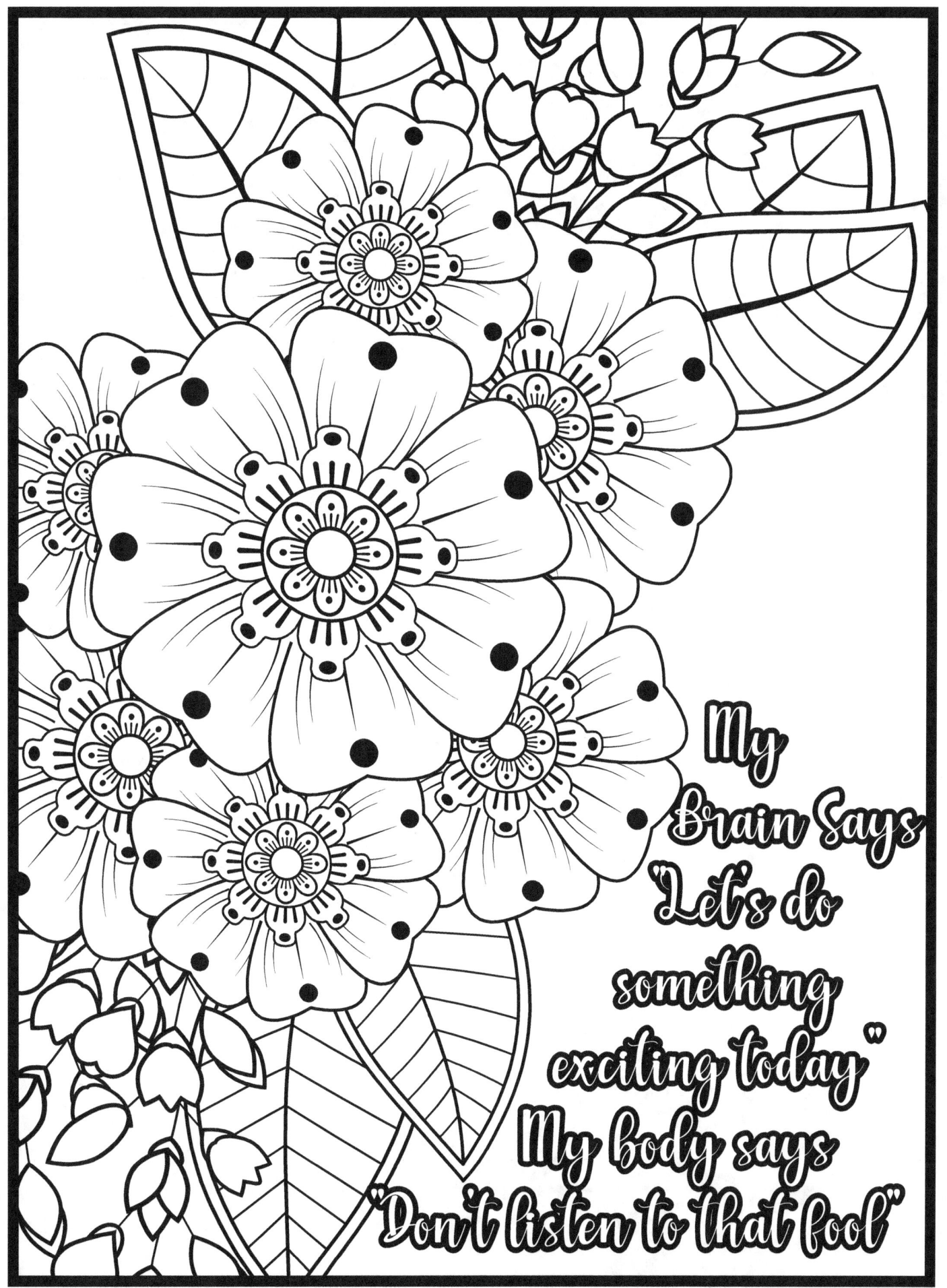

WHY ARE YOU COLORING TODAY   DATE: _____/_____/_____

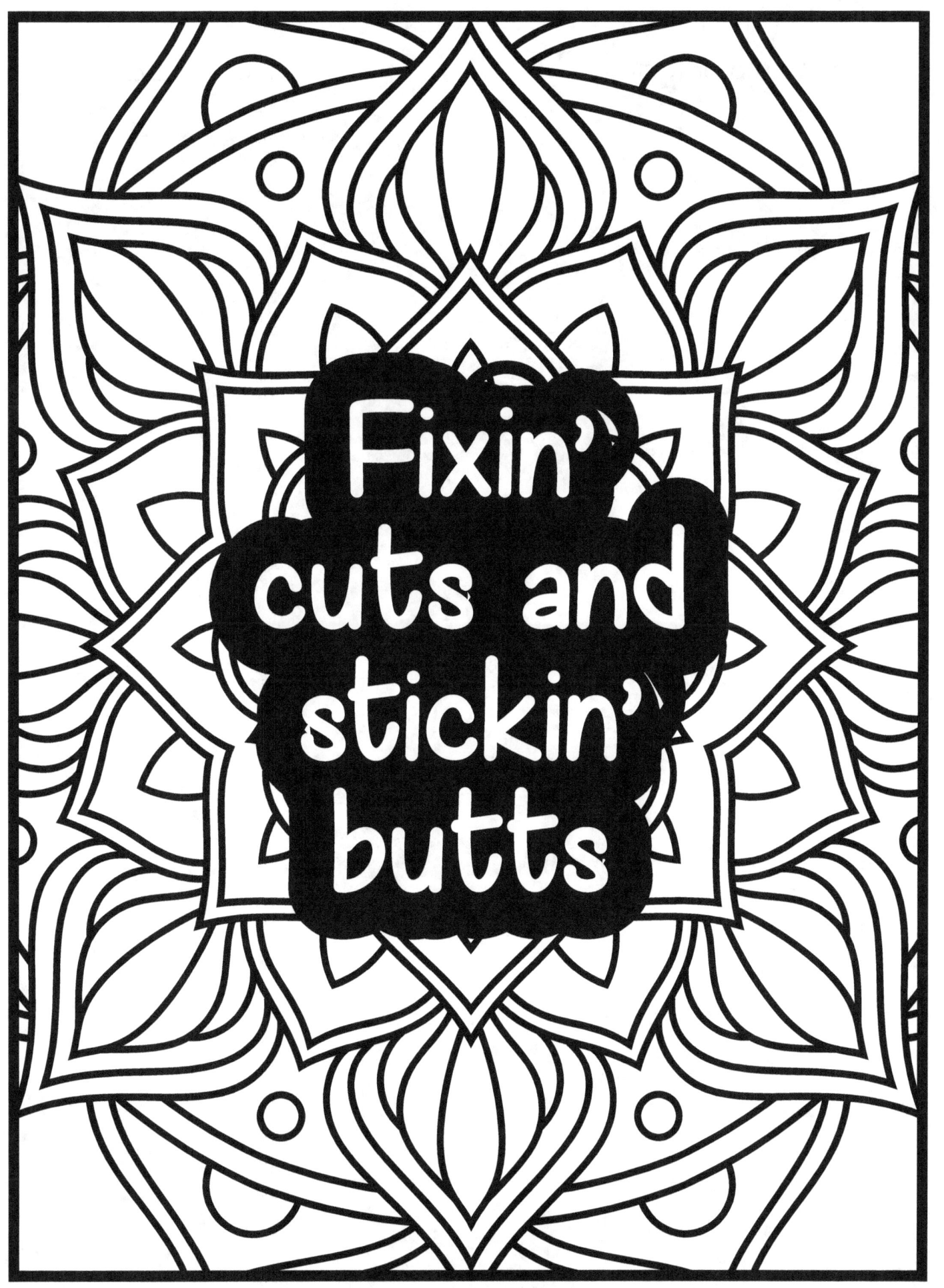

WHY ARE YOU COLORING TODAY

DATE: ___/___/___

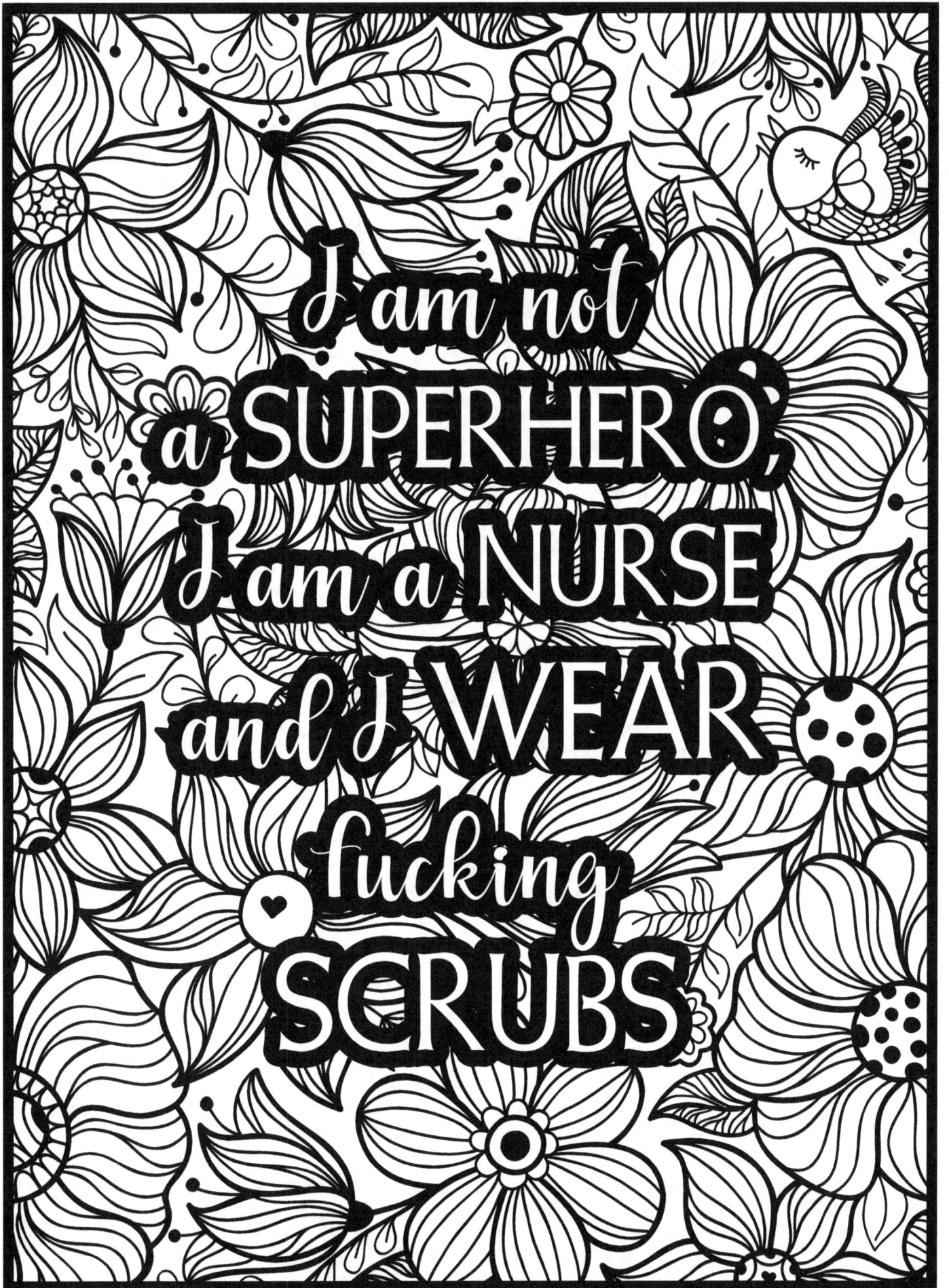

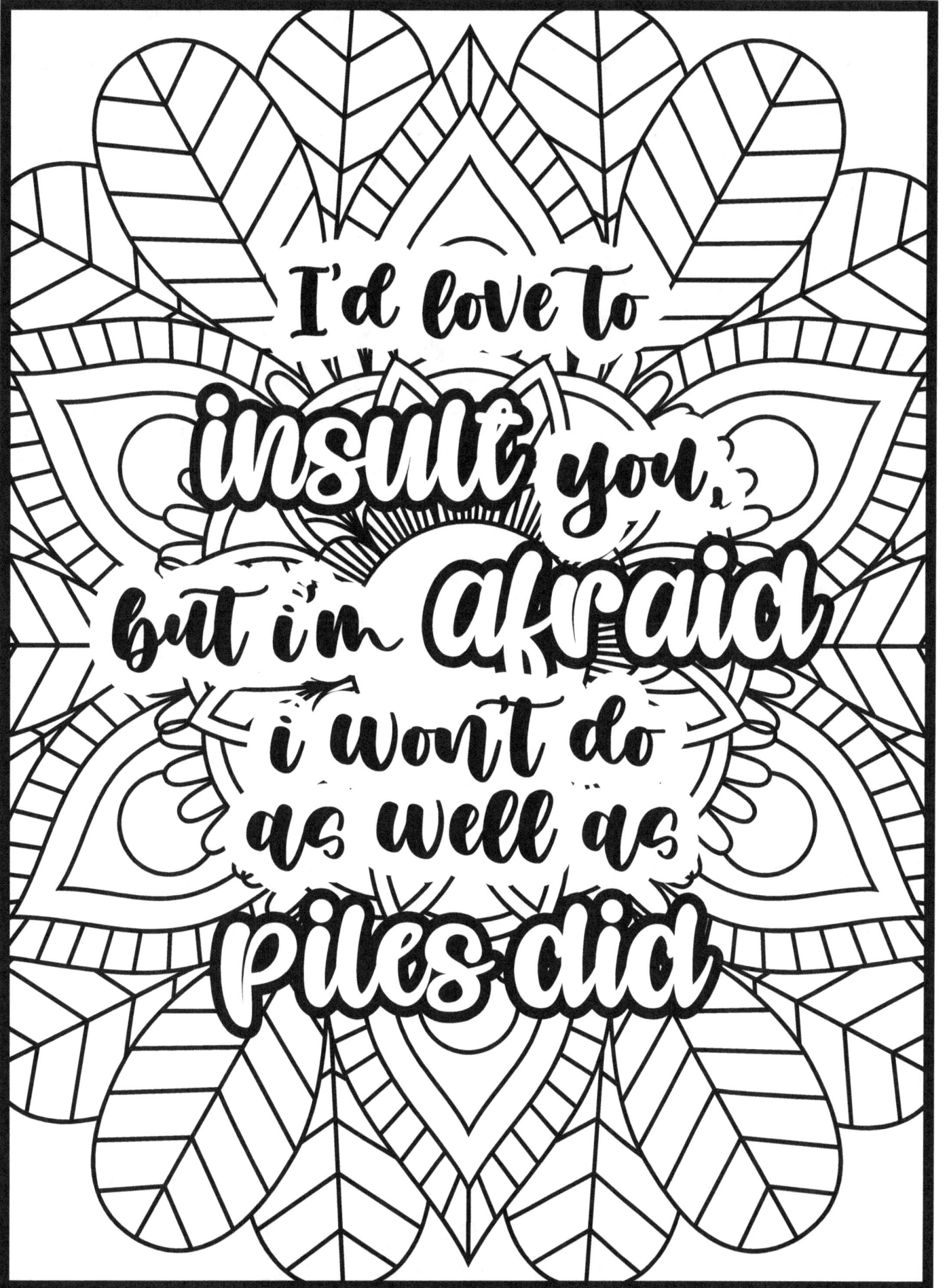

WHY ARE YOU COLORING TODAY   DATE: ____ / ____ / ____

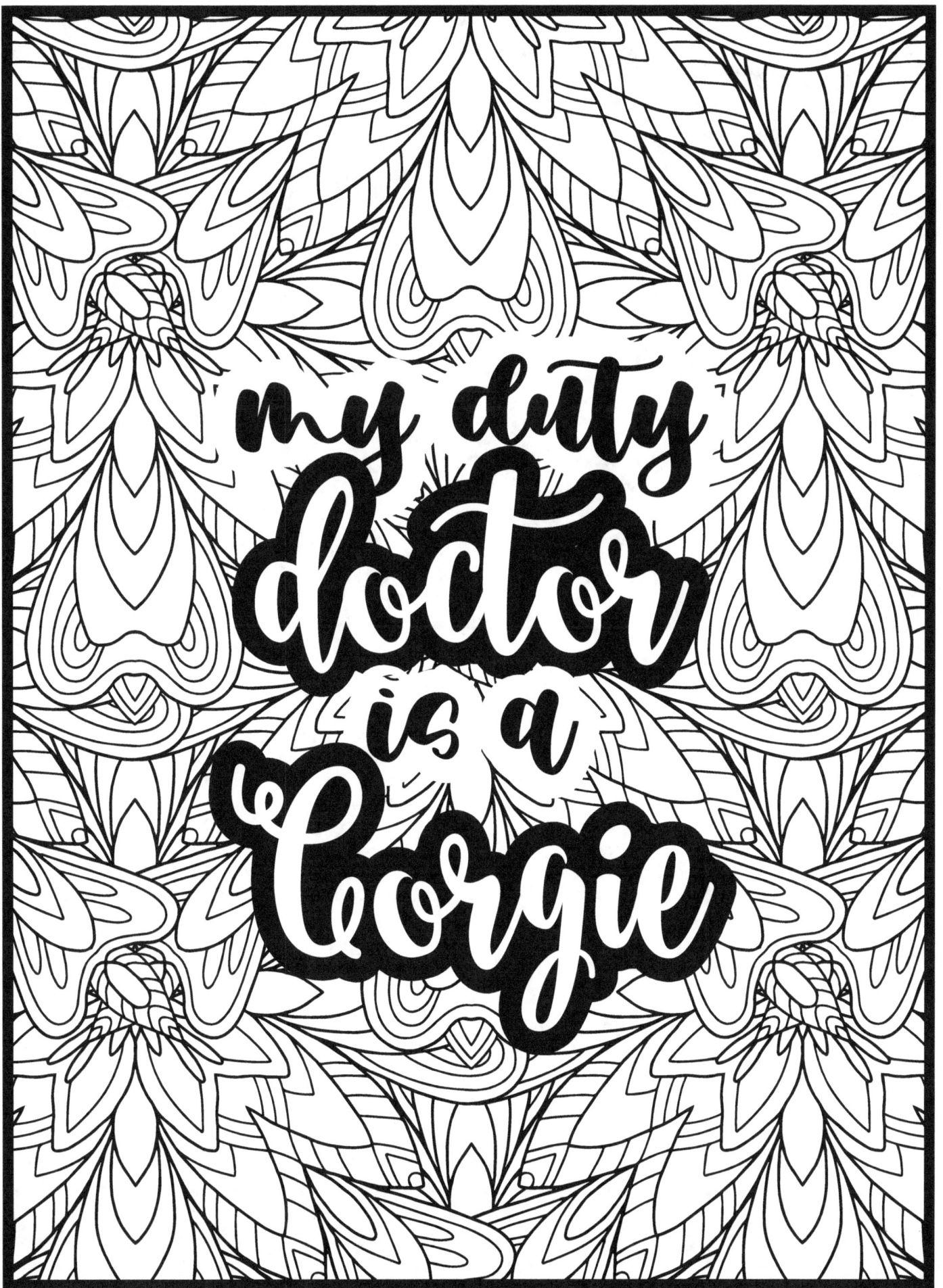

WHY ARE YOU COLORING TODAY   DATE: _____ / / _____

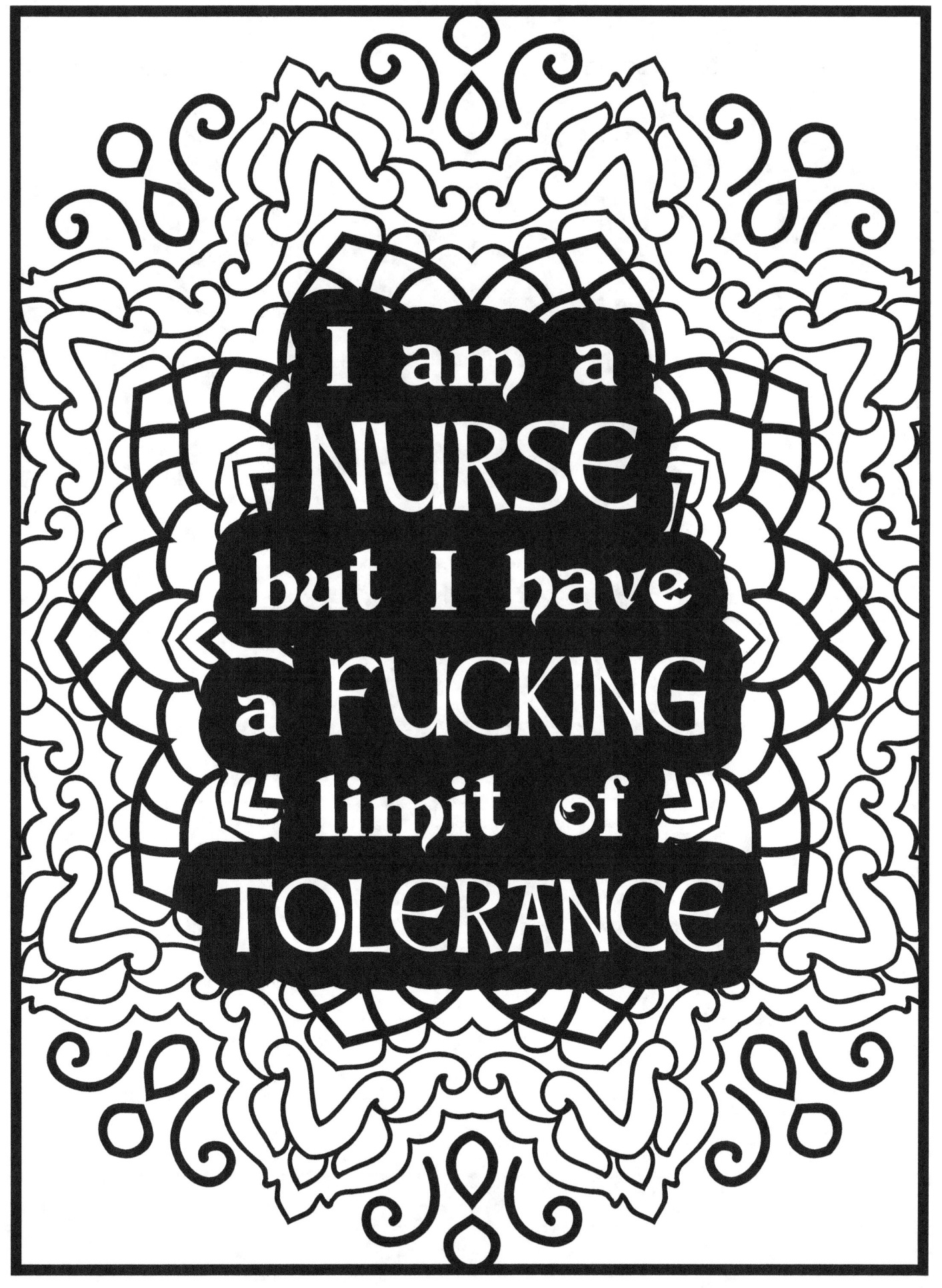

WHY ARE YOU COLORING TODAY

DATE: _____ / _____ / _____

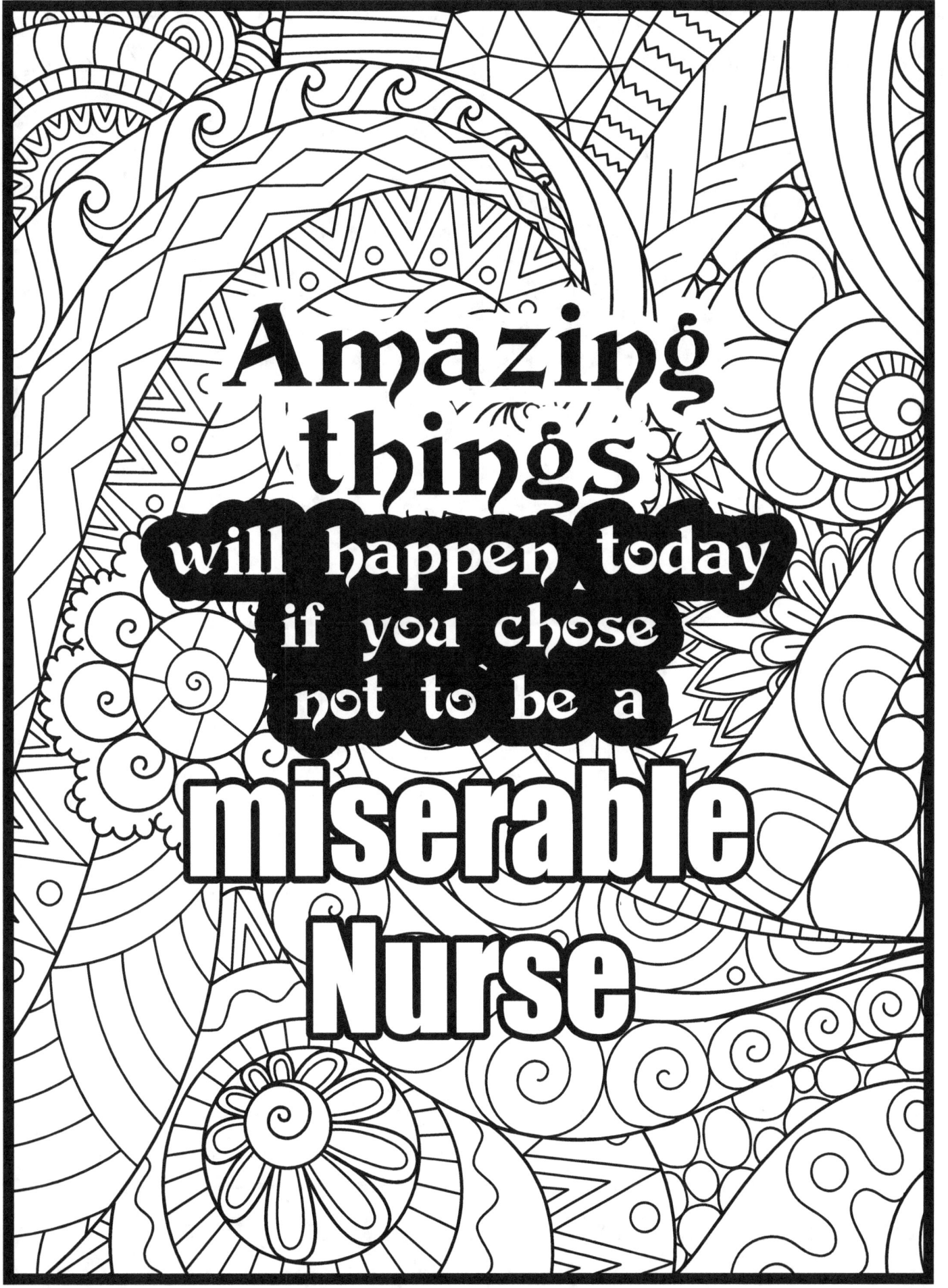

WHY ARE YOU COLORING TODAY   DATE: _____/___/_____

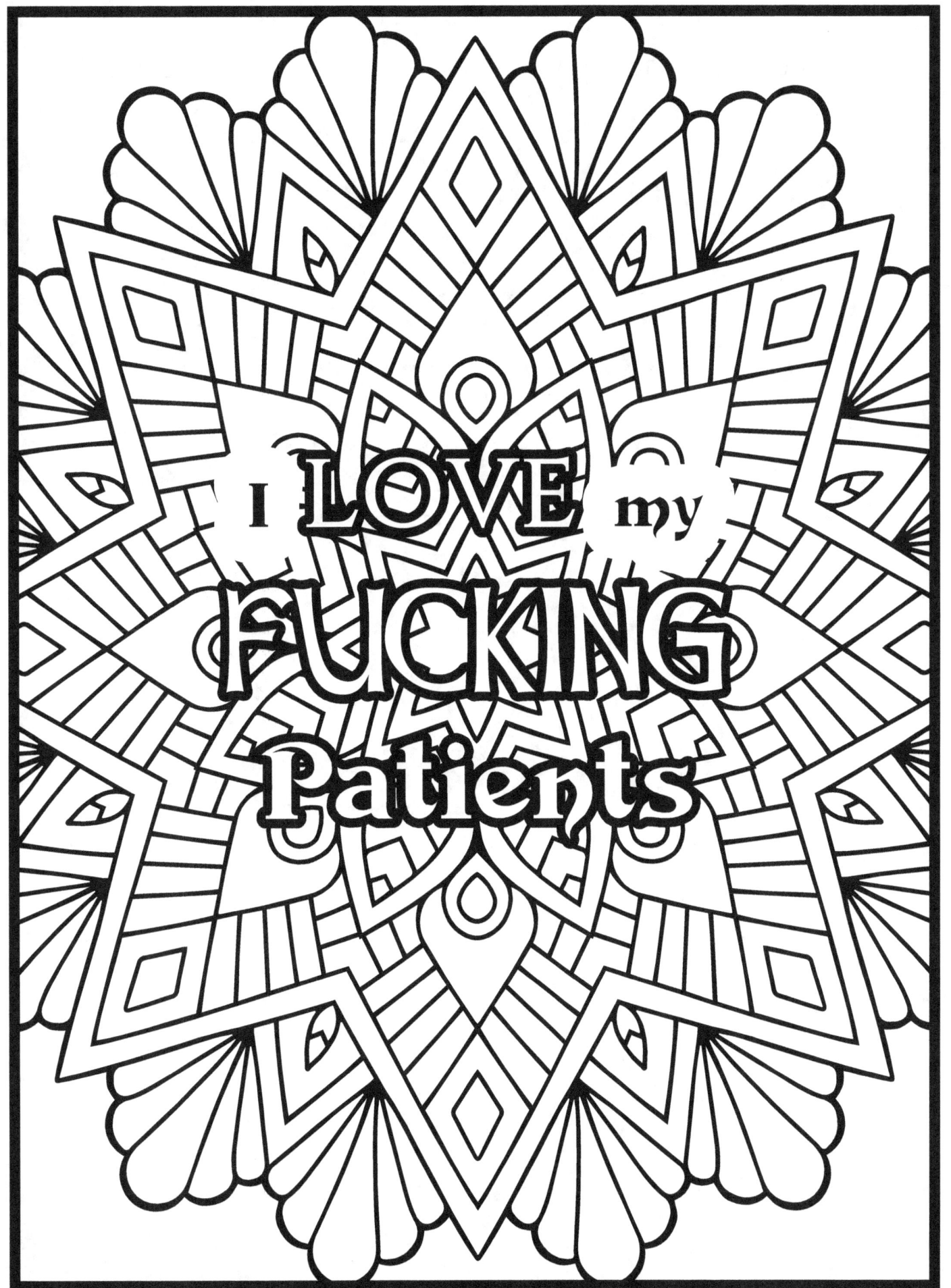

WHY ARE YOU COLORING TODAY

DATE: ___ / ___ / ___